KLAUS GUNSCHMANN

Du kommst hier nicht rein!

DER MANN AN DER HÄRTESTEN TÜR
DEUTSCHLANDS PACKT AUS

WILHELM HEYNE VERLAG
MÜNCHEN

Vorbemerkung

Die nachfolgenden Schilderungen erheben keinen Faktizitätsanspruch. Sie behandeln typisierte Personen, die es so oder so ähnlich geben könnte. Diese Urbilder werden durch künstlerische Ausgestaltung des Stoffs und dessen Ein- und Unterordnung in den Gesamtorganismus Teil eines Kunstwerks und gegenüber den im Text beschriebenen Abbildern so stark verselbständigt, dass das Individuelle, Persönlich-Intime zugunsten des Allgemeinen, Zeichenhaften der Figuren objektiviert ist. Für die Leser erkennbar erschöpft sich also der Text nicht in einer reportagehaften Schilderung von realen Personen und Ereignissen, sondern besitzt eine zweite Ebene hinter der realistischen Ebene, da ein Spiel des Autors mit der Verschränkung von Wahrheit und Fiktion stattfindet, das bewusst Grenzen verschwimmen lässt.

MIX
Papier aus verantwor-
tungsvollen Quellen
FSC
www.fsc.org   FSC® C014496

Verlagsgruppe Random House FSC-DEU-0100
Das für dieses Buch verwendete
FSC®-zertifizierte Papier *Super Snowbright*
liefert Hellefoss AS, Hokksund, Norwegen.

Originalausgabe 07/2012

© 2012 by Wilhelm Heyne Verlag, München,
in der Verlagsgruppe Random House GmbH
Redaktion: Karl-Heinz Schuster
Umschlaggestaltung: Nele Schütz Design, München
Umschlagfoto: Kay Blaschke
Satz: C. Schaber Datentechnik, Wels
Druck und Bindung: GGP Media GmbH, Pößneck
Printed in Germany 2012

ISBN: 978-3-453-60242-7

www.heyne.de

INHALT

EINS

Ein Fremder ohne Namen

Nervös kaute ich am Fingernagel meines Daumens. Es war im März 1983. Ich hatte bisher nie geknabbert. Jetzt aber war es soweit. Und mir war gleichzeitig heiß und kalt: So ähnlich ging es mir zum ersten Mal kurz vor der Spritze beim Zahnarzt. Die Stirn und eine mondförmige Fläche rund um den Solarplexus sind heiß wie der Eukalyptus-Aufguss in der gemischten Sauna, alles andere ist eiskalt. Zudem ist man nicht mehr fähig, sich zu bewegen. Deutliche Anzeichen eines Schockzustands. Nun hatte ich zu allem Überfluss auch kein Gefühl mehr in meinem rechten großen Zeh. Entweder lag es an meiner Sekundenstarre, an dem schmalen Gesims, auf dem ich stand, oder der hellbraune Velours-Cowboystiefel mit Sechs-Zentimeter-Absatz war einfach zu spitz, als dass sich mein großer Zeh mit der viel zu engen Stiefelform hätte anfreunden können.

Natürlich war ich sehr stolz auf meine »Cowboys«, die ich zusammen mit der »Karotte«, natürlich »moonwashed«, im damals größten Jeansladen Münchens – dort haben sie alle eingekauft – erstanden hatte. Mit ein paar Ablenkungstricks hatte ich meiner Mutter Einmachgummis von den Marmeladengläsern geklaut, um so die Schäfte meiner Wildlederboots zu verengen, damit die Karottenjeans drüber passten. Dazu trug ich das gelbe Schlabber-Sweatshirt und die Allzweckwaffe, den silbernen Spencer mit lilafarbenem Innenfutter, die Ärmel selbstverständlich hochgekrempelt. So ging ich mit meinen Freunden auf die Pirsch und wir hofften auf aussichtsreiche Beute bei unseren Nachtwanderungen durch München.

Damals, Anfang der Achtziger, standen wir auf Hardrock, und die Discos waren eigentlich getarnte Rockschuppen, in denen wir die Kellnerinnen mit ihrer, wie wir sie nannten, »explodierten« Farah-Fawcett-Frisur und ihren pinkfarbenen Aerobictops anhimmelten. Außerdem wollten wir alle so aussehen wie Walter, der langhaarige Türsteher vom legendären Rockclub Sugar Shack. Der größte Wunschtraum aber von uns allen war es, die »Les Paul«, die sagenhafte E-Gitarre von Gibson, wirklich in Händen zu halten und zu spielen. Warum sonst hätten wir uns jedes Wochenende als headbangendes Geisterballett der Luftgitarrenmeister – die Mähne durfte dabei nur von oben nach unten geschüttelt werden und niemals zur Seite – auf der Tanzfläche vom Romy's Finest oder vom Sugar Shack vor den anwesenden Rockerbräuten derart lächerlich gemacht? Ich hatte mich schon immer gewundert, warum bei »Turn me loose« von Loverboy keine Mädchen mehr auf der Tanzfläche waren, aber es schien so ein Jungs-Ding zu sein, breitbeinig auf einem Fleck zu stehen, den Nackenspoiler zu schütteln und so zu tun, als könne man so spielen wie die Gitarrengötter Jimi Hendrix und Eric Clapton.

Doch damit sollte nun Schluss sein. Bisher hatte ich mich darauf verlassen, dass mir andere Menschen Tipps gaben. Jetzt war es an der Zeit, unabhängig zu werden und auf die guten Ratschläge meiner Rockkumpanen zu verzichten, genauso wie auf mein T-Shirt mit Grateful Dead und die selbst aufgenommenen Status-Quo-Kassetten. Leider musste dabei auch meine schwarze Rindlederjacke dran glauben. Schließlich wollte ich mich ja in meinem Leben in Zukunft mit geistig und körperlich anspruchsvolleren Tätigkeiten beschäftigen, als vor dem Badezimmerspiegel Luftgitarren-Posen zu üben. So kam auch der Spencer ins Spiel.

Jetzt meldete sich mein großer rechter Zeh wieder mit einem Lebenszeichen. Doch um eine weitere Stunde in meiner Position zu verharren, war das Sockelgesims einfach viel zu schmal. Der gerade mal fünfzehn Zentimeter breite und fünfzehn Zentimeter hohe Mauervorsprung gehörte zur Wand des Osttrakts des Hauses der Kunst. Meine erste Begegnung mit der Kunst hatte ich als Vierzehnjähriger hier in diesem imposanten Ausstellungsgebäude. Die damals ausgestellten Meisterwerke strahlten auf mich eine Ruhe und Entspanntheit aus und ich fühlte mich ihnen auf einer so tiefen Ebene verbunden, dass ich Künstler werden wollte. Welche Richtung meine künstlerische Begabung nehmen sollte, war mir damals natürlich noch nicht ganz klar.

Jetzt stand ich also wieder vor meinem geliebten Haus der Kunst, besser gesagt vor der imposanten Ostwand, zwischen Freitreppe und der mächtigen Doppelschwingtür. Die Ostwand ist bestimmt fünfzehn Meter hoch. So musste sich ein Kletterer fühlen, wenn er am Fuße der Eiger-Nordwand geradewegs hoch zum Gipfel schaut. Monströs. Schon vor dem Haus an sich hatte ich mächtigen Respekt, wobei die Eingangstür zu den Ausstellungsräumen mit einem Obolus von damals fünf Mark sehr schnell einzunehmen war. Aber schließlich war es mitten in der Nacht und um die Zeit hatten Ausstellungen bekanntlich geschlossen. Da ich nun meine Lauerstellung auf dem Mauervorsprung aus Gründen der eigenen Sicherheit verlassen musste, hatte ich erst mal Schiss, dass *er* mich sehen würde, wie ich da so stehe und schaue. Und das wäre sehr schlecht, wenn er mich sehen würde, wie ich da so stehe und schaue. Denn das mögen Leute wie er nicht. Das hatte ich von den anderen gehört. Und die wissen ganz genau, wie man sich anstellen muss, damit es keine Probleme gibt. Angeblich muss man besonders gut riechen. Ein bisschen Exhibitionismus muss man schon mitbringen und coole Klamotten sind Pflicht, je verrückter, umso besser, ach ja, und besonders wichtig sind die Schuhe. Er schaut immer auf die Schuhe. Egal, ob es die zwiegenähten Budapester oder die ausgetretenen Basketballstiefel sind: Dein Schuhwerk ist das Aushängeschild deines sozialen Auftritts. An ihnen kannst du den Charakter erkennen und in die Seele schauen. Selbst abgelatschte Schlappen können bei süßen Girls heutzutage mehr über ihren Geschmack aussagen als sündteure High Heels mit roten Sohlen.

Ich hatte mindestens fünfhundertmal die Miene geübt, den Blick, wie ich ihn anschauen sollte, wenn ich dann vor ihm stünde. Hundeblick? Scheiße. Ernst gucken? Superscheiße. Cool schauen? Okay, aber verdammt noch mal, wie zur Hölle trainiert man seine Mimik, um einem fremden Mann einen coolen Blick zuzuwerfen, ohne dass dieser gleich denkt, man wolle ihn anmachen? Am besten nicke ich ihn an. Nicken ist immer gut. Aber von unten nach oben, das bedeutet in etwa »Hi, ich bin's, dein Stammgast« und verheißt ein intimes Gefühl der Vertrautheit, sodass der Türsteher denken müsste, er kenne mich schon seit Langem.

Nun wandte ich mich von der Ostwand ab und schlich seitwärts Stück für Stück in Richtung des Menschenpulks vor der Tür. Manche Beobachter eines solchen Pulks vor einer Disco unterstellen den Wartenden einen gewissen Masochismus: Der Genuss des Ausgehens bestehe für sie darin, diesen lieber vor der Tür eines Clubs auszuleben als drinnen auf der Tanzfläche. Vielleicht aber glauben die Leute in der Traube vor der Tür auch, der Türsteher werde sich irgendwann ihre Gesichter schon merken und sie eines Tages für Stammgäste halten. Ich war mir noch nicht sicher, welche Bedeutung es für mich selbst haben würde, die nächsten Nächte vor der P-1-Tür im Kreise der anonymen Draußenbleiber zu verbringen. Letztendlich war es doch mein Ziel, den Pulk der Abgewiesenen als Reinkommer hinter mir zu lassen.

Damals war es gar nicht so einfach, etwas Wissenswertes über die Einlasskriterien der Clubs in Erfahrung zu bringen. Internet und Smartphones kannte man nicht, man schrieb sich noch Briefe oder hörte die neuesten Storys bei Weinbrand-Cola im Schwabinger Peaches. Dort saßen auch wir jeden Freitagabend ab halb acht und sinnierten über die Schaumkrone des Weißbiers oder ergründeten in langatmigen Gesprächen, warum die Zündapp KS 50 mit aufgebohrtem Zylinderkopf trotzdem langsamer war als die Yamaha DT 50. Getestet hatten wir das immer bei unseren Fahrten an den Tegernsee. Die Landstraße zwischen Holzkirchen und Gmund war herrlich übersichtlich, sodass wir immer zu dritt nebeneinander herfahren konnten. Bei der vorletzten Kurve, die wir meist mit 65 Sachen nahmen, mussten wir allerdings eine unserer Rekordfahrten abbrechen, sonst hätten wir uns wahrscheinlich auf dem gehäkelten Klorollen-Plaid im Fond des entgegenkommenden zitronenfarbenen Sportcoupés wiedergefunden.

Eine Heimat fürs P 1:
Das Haus der Kunst

Geplant vom Architekten Paul Ludwig Troost, eröffnete das Haus der Deutschen Kunst am 18. Juli 1937 seine Tore. Die US-GIs waren es, die im Jahre 1945 die Nazikunst verschwinden ließen und in dem monumentalen Kunstbau die erste Offiziersmesse Münchens einrichteten; mit einem Restaurant, mehreren Shops und einem großen Tanzsaal – und in den Ausstellungssälen spielten sie Basketball. Ab 1949 fand die moderne Kunst ihre neue Heimatstätte im (seit 1946 so bezeichneten) Haus der Kunst, Prinzregentenstraße 1. Eine Adresse wie aus dem Bilderbuch. Aber die Aussprache der Adresse machte den amerikanischen Besatzungssoldaten dermaßen zu schaffen, dass sie es schlicht »P-One« nannten. Sie tanzten, tranken, speisten und feierten, bis in den Sechzigerjahren ein beleibter Grieche namens Alecco das P-One von den Amis übernahm. Ende der Siebziger versuchte der Münchner Gastronom Stevie Neumayer sein Glück mit dem P 1, wurde Anfang der Achtziger aber schnell abgelöst von dem schräg-schrillen Nightlife-Pärchen Hansi und Inge Grandl, die das P 1 als einen der ersten New Wave-Clubs in Deutschland im Punk-Style präsentierten.

Die besten Jahre des P-One begannen allerdings erst 1983, als der umtriebige Feinkosthändler und Partymacher Gerd Käfer seinem Sohn, dem Käfer »Michi«, das in die Jahre gekommene P-One zum 25. Geburtstag schenkte. Der Papa sagte: »Mach was draus«, und der Sohnemann machte. Anlage rein, alles weiß getüncht, vier Bars, das war's. Jetzt fehlte nur noch die Werbung, damit die richtigen Leute kamen. Im Nu fanden Michi Käfer und sein damaliger Geschäftsführer Franz Rauch eine Marketingphilosophie, die so einfach wie genial war. So trat der knallharte Türsteher auf den Plan und die angeordnete Devise der Angebotsverknappung ließ nicht nur Lieschen Müller und Max Mustermann im Ungewissen über Glücksgefühl oder Seelenleid – auch die Promis bekamen die Macht des Zerberus zu spüren. Und das P 1 wurde zur begehrtesten Disco Deutschlands. Wer drin war, war in. Doch wie kam man rein?

Ziel unserer Fahrten war das Moschner in Rottach. Eigentlich war das Moschner das Vorbild aller Dinnerclubs auf der ganzen Welt. Ohne ein Moschner hätte es die Buddha-Bar in Paris nie gegeben. Die mit Ebenholz getäfelte Stube war wie jedes Wochenende zum Abendessen bis auf den letzten Platz gefüllt. Der Grillteller mit Pommes für zehn Mark war der Renner schlechthin und allein deshalb hatte sich die fünfzig Kilometer lange Mopedfahrt längst gelohnt.

Hier, in der Wirtsstube des Moschner, machte ich zum ersten Mal Bekanntschaft mit dem Nachtleben und schon dort spürte ich sofort, dass es nicht meine letzte Nacht gewesen sein sollte. Das lag nicht nur an den hübschen blonden Mädels aus dem Tegernseer Tal oder an unserer rappenden Männer-Gang, sondern vor allem an jenem Abend, an dem ein nicht allzu großer Jamaikaner mit kurzen, gewellten Rastas auf der Eckbank am Kaminofen saß, auf der Stubengitarre spielte und sang: »Get up, stand up, get up, stand up, stand up for your rights.« Ich gebe zu, im Nachhinein schien es mir, als hätte ich es schon vorher gewusst, dass wir gerade in jener Nacht in einem Gasthaus am Tegernsee auf den größten Reggae-Star aller Zeiten treffen würden. Leider sah er nicht glücklich aus, wie er da zusammengekauert und mit eingefallenem Gesicht dasaß. Es war im April 1981, kurz zuvor war Bob Marley aufgrund seiner schweren Krankheit zur Behandlung nach Rottach-Egern gekommen. An jenem Tag wollte er der Klinik wohl für ein paar Stunden entfliehen. Es musste eines der letzten Male gewesen sein, dass er Gitarre spielte und sang, denn am 11. Mai 1981 starb er auf dem Rückflug von Deutschland nach Jamaika bei der Zwischenlandung in Miami. Ich werde Bob Marley nie vergessen. Und diesen Abend im Moschner auch nicht.

Was das Moschner so außergewöhnlich machte, war die Zeit nach dem Abendessen ab halb elf. Wir warteten schon immer drauf, dass der Wirtssohn Loisl mit dem Telefunken-Plattenspieler und den zwei Dualboxen aus der drüber liegenden Zweizimmerwohnung kam und seine Stereoanlage auf dem Tresen neben dem Bierzapfhahn aufbaute. Natürlich gab es keinen zweiten Plattenspieler, wie er üblicherweise zum DJ-Equipment gehört. Aber die Auswahl der Maxi-Singles war einfach phänomenal. Irgendjemand hatte immer dafür gesorgt, dass am Wochenende ein Stapel neuer Maxis da war. Wir hörten »Paid in Full« von Eric B. & Rakim und die furiosen Grandmaster Flash mit »The Message« …

»It's like a jungle sometimes it makes me wonder
How I keep from going under …
Broken glass everywhere
People pissing on the stairs, you know they just don't
    care
I can't take the smell, I can't take the noise
Got no money to move out, I guess I got no choice …

Don't push me 'cause I'm close to the edge
I'm trying not to lose my head
Ah hah-hah-hah-hah …«

Es dauerte nicht lange und wir konnten Text und Refrain aus dem Effeff. Loisl hatte furchtbare Angst, dass die vom strengen Papa geschossenen Hirschgeweihe von den Wänden krachen könnten, wenn es wieder losging: »It's like a jungle …«

Zurück zum Haus der Kunst. Mittlerweile war ich im Pulk knapp zehn Zentimeter weiter nach vorn gerutscht. Da ich über einsneunzig groß bin, musste er mich eigentlich gesehen haben. Aber er guckte mich nicht mal mit dem Arsch an. »Immer die gleiche Scheiße hier«, pöbelte der schwergewichtige Baulöwe aus Niederbayern, als er sich von der Tür wegdrehte und dabei mich und die restlichen Wartenden fast umstieß. Er hatte seinen tiefergelegten metallicblauen Boliden mit den gelben Feuerstreifen an der Seite extra vorne am Eingang abgestellt und dem Parkwächter dafür zehn Mark gegeben. Seine wasserstoffblonde Begleiterin gab sich sichtlich Mühe, ihren Sugardaddy zu beruhigen. Doch der war so sauer über die Abfuhr, dass nun die Non-plus-ultra-Ansage abgewiesener Nabobs kam: »Ich kauf den Laden und dann schmeiß ich dich raus, du depperter Türsteher!« Als Reaktion auf seine Schimpftiraden wurde ihm eine zerknitterte Visitenkarte gereicht, mit der Bitte, aber

nicht vor zwölf Uhr mittags seine Beschwerde vorzu-
tragen, denn bis dahin würden sie alle noch schlafen.
Schnaubend wie ein Walross trat er nun doch den Rück-
zug an und verschwand im Dunkel des angrenzenden
Englischen Gartens. Hoffentlich gingen er und seine Dorf-
schönheit darin nicht verloren.

Vor mir standen jetzt zwei Typen, die nicht aus München waren. Sie kamen aus Düsseldorf und hatten schon
viel vom P 1 gehört. Ihrer Meinung nach müsse das hier
der helle Wahnsinn sein und die Hölle des Untergangs.
Vor den Clubs in Düsseldorf mussten sie noch nie an-
stehen und warten. Dort wurden sie überall mit Hand-
schlag begrüßt, auch im Sam's West oder im Checker's,
der Club, in dem ein paar Jahre später angeblich »La Schiffer« entdeckt wurde und so über die Rheinmetropole
hinaus an Bekanntheit gewann. Der eine der beiden
Rheinländer konnte es ganz und gar nicht fassen, warum
ausgerechnet er vor dieser Tür warten sollte. »Wie viele
Leute seid Ihr denn?«, kam eine Stimme aus dem geöff-
neten Fensterchen in der Tür, die sich an unser Düssel-
dorfer Pärchen richtete. »Nur wir beide«, tönte der An-
führer aufgekratzt. »Ohne Mädels?«, kam es zurück, »Keine
Chance!« Heiße Hasen durften immer rein. Auch wenn
zwei Mädels einen hässlichen Kerl dabei hatten, ging das
schon mal in Ordnung. Aber zwei Scheißtypen ohne
Girl – das ging gar nicht. Der Schock saß tief und alle
Wartenden im Pulk wussten nicht genau, ob sie Mitleid
haben oder in sich reingrinsen sollten. Flugs traten nach

dieser Abfuhr gleich drei junge Damen aus der zweiten Reihe hervor und himmelten den Kerl an, der mittlerweile sein Fensterchen schloss und seine Tür öffnete.

Er war sehr groß und kurzhaarig, seine schmale aschgraue Lederkrawatte und sein gradliniger Anzug ließen ihn noch größer erscheinen. Er sah aus wie Gary Kemp, der Sänger von Spandau Ballet. Elegant-arrogant. Seine Schuhe waren weiß und spitz. Einen Arschtritt brauchst du von dem nicht, dachte ich unvermittelt. Durch seine schwarz umrandete Brille blinzelte er mit zusammengekniffenen Augen die drei Mädchen an. Sie hatten sich ungemein aufgestrapst, ihre Freunde und Verlobungsringe gleich zu Hause gelassen und den smarten Doorman dauerniedergelächelt. Es schien zu helfen, »Gary Kemp« zog die Erste am Ärmel aus der Menge, die anderen zwei klammerten sich daraufhin mit verkrampften Händen an Tasche und Schal ihrer Vorgängerin. Auf einmal waren sie weg, hineingesogen ins Schwarze Loch, aus dem dumpfes Bass-Gewummer und ab und zu so etwas wie eine Melodie an die Freiluft drang:

»Another one bites the dust, another one bites the dust
And another one gone and another one gone
Another one bites the dust, hey I'm gonna get you too
Another one bites the dust.«

Ich hoffte natürlich insgeheim, dass ich jetzt nicht unbedingt derjenige sein würde, der vorm P 1 ins Gras beißen muss. Gut, die Mädels waren drin, die Rheinländer beleidigt, und ich verharrte immer noch auf meiner Position und versuchte, besonders cool auszusehen. Zumindest war ich allein und hatte keinen anderen Typen dabei, das erhöhte schon mal meine Chancen. Zum Hauptgewinn aber fehlte mir die ent- und ansprechende Begleitung, denn das Gebot lautet: Bring immer eine hübsche Frau mit an die Tür. Ich musterte die Menge und entdeckte eine schwarzhaarige Schönheit, die eher aus Südamerika als aus dem Süden Bayerns zu kommen schien. »Are you alone?«, wollte ich von ihr wissen. Dabei sah ich sie mit zusammengezogenen Augenbrauen fragend an und bot ihr eine Zigarette an. Die Zigarette nahm sie, antwortete mir aber nicht. Blöde Kuh. Aber vor der P-1-Tür werden sie wohl alle zu gefühlskalten Diven.

Eigentlich hatte ich es mir an diesem Abend bereits abgeschminkt, in den Tempel des Glücks zu kommen. Außerdem kam es mir so vor, als würde der Türsteher fast jeden, den er reinließ, mit Namen begrüßen. Und meinen kannte er ja schließlich nicht. Gerade als ich schon abdrehen wollte, rumorte es hinter uns in der Traube. Ein klein gewachsener Boxertyp trieb die Herde auseinander und an der Spitze einer jetzt zu erkennenden Entourage stolzierte ein schmalbrüstiger Jüngling im rosa Anzug mit blauen Schuhen heran: aha, der PR-Agent. Dahinter zwei ältere Damen, ein Hund, ein Fahrer mit Schirmmütze und als Vorletzter ein Hüne, der wie ein echter Hollywood-Schauspieler aussah: braungebrannt, eine lange Narbe auf der Backe, schwarzgraue Windfrisur, weißes T-Shirt, Jeansjacke. Der letzte Mann im Tross war ein stiernackiger Bodyguard in schwarzem Anzug und beigem Trenchcoat mit Gürtel, der aussah wie die Secret-Service-Agenten, die immer neben der gepanzerten Limousine des US-Präsidenten herjoggten und in den Manschettenknopf am Ärmel sprachen. Erst als die beschützenden hundertzwanzig Kilo mit ihren stahlbesetzten Krokodillederschuhen auf meinem hellbraunen Cowboystiefel einen fetten schwarzen Abdruck hinterließen und meinen großen Zeh wieder zum Erstarren brachten, wurde mir klar, dass hier gerade Clint Eastwood an mir vorbei ins P 1 gezogen war. Mein Westernheld und Coolness-King. Zur Ironie des Schicksals an diesem Abend erinnerte ich mich wieder an meinen Lieblingswestern mit Eastwood: *Ein Fremder ohne Namen.* Ich hängte mich kurzerhand an den stiernackigen Bodyguard, japste nach Luft und lächelte »Mr. Kemp« entgegen: »I'm the last.« Und damit war ich drin.

ZWEI

Der falsche Fuffziger

Das also war die berühmte Schickeria – eine Welt, in der unbestreitbar Geld und Status eine wichtige Rolle spielten. Und ich war mittendrin und saß auf meinem Thron auf dem P-1-Balkon. Ich genoss sichtlich die Blicke der Topmodels, die mich mit ihren Augen aufzufressen schienen, und die Blicke der Adabeis, jener Münchner Spezies, denen der Neid im Gesicht abzulesen war. Ein herrliches Gefühl! Es fühlte sich unglaublich gut an, begehrt zu werden, vor allem, weil es sich um langbeinige Beautys und lechzende Groupies handelte. Es war einfach zu schön.

Mein wohliger Glückstraum fand ein abruptes Ende, als ich im Halbschlaf das mehrmalige Klopfen an meiner Tür hörte. Ich tastete nach der Nachttischlampe, deren Schnurschalter ich mit Klebeband repariert hatte. Meine Schwabinger Bude war damals so groß wie eine Einzelzelle in der Justizvollzugsanstalt Stadelheim im Münchner Stadtteil Obergiesing, nur mit Badewanne und Fenster ohne Gitter. Als ich das Licht angeknipst hatte, schleppte ich mich über den beigen Veloursteppich die zwei Meter zu meiner Wohnungstür. Es war sieben Uhr morgens und eigentlich konnte es um diese Uhrzeit nur der Gerichtsvollzieher oder mein nerviger Nachbar sein, der mal wieder aus dem Afterhour-Club gestolpert kam und mir – ein deutliches »No way!« wäre aus mir herausgefahren – ein tiefsinniges Gespräch über Weltoffenheit und Freizügigkeit reindrücken wollte. Aber es war keiner von beiden. Der erste Typ, den ich sah, nachdem ich die Tür geöffnet hatte, war nur einssechzig groß und trug einen Hundert-Tage-Bart. Das grün karierte Hemd steckte in einer schlecht sitzenden Khakihose. Das machte ihn klein und rund. Ich hörte nur: »Bertl Halbritter, Kriminalpolizei.« – »Ich zieh mir nur noch etwas an und hol meine Zahnbürste.« Das musste ich einfach sagen, weil dieses Zitat in den US-Krimis aus den Siebzigerjahren in solchen Situationen einfach immer der beste Satz war. Ich saß zum ersten Mal in einem Polizeiwagen. Auf der Rückbank. Ich verschränkte meine Hände hinter dem Rücken und tat so, als hätte ich Handschellen an. Wollte schon immer mal wissen, wie das ist.

Nach der erfolgreichen Aktion mit Clint Eastwood war ich nun schon viermal im P 1 gewesen. Ich hatte gehört, dass man sich unter der Woche dem Türsteher bekannt machen muss, damit man am Wochenende reinkommt. Eastwood war am Freitag gewesen. Und natürlich bin ich am Sonntag, am Montag und Dienstag gekommen und hab jedes Mal schön brav »Grüß dich« zu Jackie, dem Türsteher, gesagt; so hieß »Gary Kemp« nämlich mit richtigem Namen. Ich bin pro Abend fünfmal rein- und rausgegangen und hab immer wieder »Grüß dich« gesagt, bis ich gemerkt habe, dass es Jackie tierisch auf den Sack ging, für mich ständig die schwere Eisentür auf- und zuzumachen, und überhaupt dachte er wohl, dass ich zum Koksen rausgehen würde. Bevor ich wegen Verstoßes gegen das Betäubungsmittelgesetz Hausverbot bekam, entschied ich mich, drinnen zu bleiben und gesellte mich an die Bar zu Balu.

Balu war Barkeeper. Keiner wusste genau, aus welchem Land Balu kam, und ich glaube, manchmal schien ihm das selbst auch nicht ganz klar zu sein. Seine blonden Dreadlocks hatte er meistens unter einem Strohhut versteckt, den er beim Backgammon am Sa Trinxa Beach auf Ibiza letzten Sommer gewonnen hatte, weil sein Gegenüber keinen Peso mehr in der Badehose hatte, aber einen schönen Hut auf dem Kopf. Balu hatte drei Hunde und zwei Frauen. Alle wohnten bei ihm in einer Hochhauswohnung im Olympiadorf. Wer genau mit wem was hatte, war ein offenes Geheimnis. Als Balu ein paar Jahre zuvor den Exil-Kommunarden Rainer Langhans kennenlernte, beschloss er unverzüglich, die asketische Lebensweise des Münchner Liebesgurus auszuprobieren. Es waren lediglich harmlose Bisswunden an Po und Armen sowie leichte Blessuren, die sich die Bewohner in Balus

Bude gegenseitig zufügten. Ansonsten verbrachten sie ihre friedliche Liebesgemeinschaft auf den Batik-Kissen von seiner Oma aus Istanbul und verprassten Balus Trinkgeld aus dem P 1 für Rauchkraut, Dosenbier und Schallplatten von Janis Joplin. *Cry, Baby!* Mit seinem grauen T-Shirt, seinen Chinos und den Basketballschuhen sah er aus wie Dieter Bockhorn, der in den Siebzigern mit Uschi Obermaier eine Liebesreise durch Asien in einem Campingbus gemacht hatte. Und wehe, wenn er den »Turbo« rausholte und all seine Gäste damit verpestete. Die Schadstoffe dieses Beschleunigers bestanden allerdings nicht aus CO_2-haltigen Abgasen, sondern aus braunem, fünfzigprozentigem Tequila mit einem Schuss Ginger Ale in einem 4-cl-Stamperl. Bierdeckel draufgehalten, das Schnapsglas ein paarmal auf den Tresen geklopft und ex: Das ging durch Mark und Bein und direkt in die Hirnsynapsen. Nach drei Turbos war dann bei mir Schluss. Ich kannte nur ein Mädel – sie hieß Rebecca und bediente in einem Café in der Innenstadt –, das auch nach zehn Turbos noch nicht vom Barhocker fiel.

In der fünften Nacht durfte ich als Gast meine Jacke hinter Balus Tresen legen. Das war ein ganz besonderes Privileg. Das durften nur wenige. Es gab die Anwärter aus der C-Jugend, die schon stolz drauf waren, dass sie überhaupt bei Balu einen Drink bezahlen durften. Einen Platz an der Bar bekamen sie dafür nicht. Dann gab es die Zweitligisten, die eine Flasche bei Balu hatten, eine Gästeflasche mit ihrem Namen drauf. Für manche Fußballprofis war diese Auszeichnung mehr wert als die Meister-schale oder der DFB-Pokal. Man kaufte sich eine Flasche Wodka und Balu machte den P-1-Aufkleber drauf, schrieb mit einem Marker den Namen des Gastes – meistens falsch – in die weiße Zeile und räumte die Flasche in sei-nen alten Brauerei-Kühlschrank, der neben dem Müll-eimer auf zwei leeren Champagnerkübeln stand. Und dann gab es noch die Spieler der A-Class, die Champions League: Die durften ihre Jacke selber hinter die Bar legen. Das war dann der Zenit.

Auf dem Foto, das Rebecca von uns geschossen hatte, sah ich richtig scheiße aus. Ich hielt voller Stolz meinen Kon-toauszug ins Bild, weil ich mal wieder im Dispo war. Das Besondere an dem Foto war, dass Kurt auch drauf war. Kurt war »the man with the plan«. Er stand auf »Lady Bump« von Penny McLean, las *Psychologie heute* und war der Geschäftsführer im P 1. »Körperdisco« nannte er das P 1 immer, das hatte er in einem *Tempo*-Artikel von Maxim Biller über Münchens Nachtleben gelesen. In sei-nen dunklen Tai-Chi-Anzügen sah er aus wie ein Statist aus einem der letzten Bruce-Lee-Filme. Karate konnte Kurt auch. Den Asien-Spleen hatte er aus Koh Phi Phi mitgebracht. Die kleine Felseninsel mit ihren Bilder-buchstränden in der Andamanensee hatte es nicht nur Kurt angetan, auch viele Gäste aus dem P 1 trafen sich dort zu Haschkeksen und Mekong-Whiskey am Strand vor den Beachhütten. Für ein paar Baht wohnten sie gleich mehrere Wochen über den Winter in den einfachen Holzhütten mit Matratze und Moskitonetz. Als Kurt in einer Silvesternacht mit ein paar australischen Surfern aus Perth den Guru persönlich kennenlernte, eignete er sich alles an, was einen wahrhaften Buddhisten ausmacht. Selbst einen Wok hatte er sich gekauft und mit Stäbchen essen konnte er auch schon. Er war jeden Abend im P 1, kümmerte sich rührig um sein Personal und hatte viele Narben auf der Stirn, weil Karate-Kurt etliche Schlägereien mit Größeren meist mit einem »Dänemann«, einem Kopfstoß, beendete und sich dabei öfter selbst verletzte. Die Mädchen liebten seine Narben und er erzählte ihnen die wildesten Geschichten, wie sie entstanden waren. Natürlich konnte ich die Damenwelt verstehen, die Kurt anhimmelte. Mit seinem kurzen, geschniegelten Haar sah er aus wie der Klippenspringer aus der Duschgel-Werbung.

Ich gab mir Mühe, Kurts Frauenbekanntschaften zu verfolgen, doch manchmal wechselte er diese so schnell, dass selbst ich den Überblick verlor. Ich erinnere mich noch genau an die Party eines Plattenlabels, zu der auch die drei Mädels der damals angesagten britischen Girlband Bananarama eingeladen waren. Kaum hatten Siobhan, Keren und Sarah auf den Barhockern an Balus Bar Platz genommen, war es um Sarah geschehen, als Kurt sie fragte, ob er noch etwas für sie tun könne. »Yes, darling, you could do something for me …« Sie sprach's, nahm ihn an der Hand und ging mit ihm schnurstracks in einen ruhigeren Nebenraum, als wäre sie schon hundertmal dort gewesen. Es gab keine Tür zu diesem Separee, es hingen nur ein paar bunte Glasperlenketten im Türrahmen, sodass man schemenhaft erkennen konnte, was dahinter passierte. Wir nannten den Raum später nur noch das Bananenzimmer.

Eine Woche nach den Bananas machte Kurt die Tür. Keine Spur von Jackie. Sie haben ihn hops genommen, erzählte Rebecca später, weil er am Monopteros im Englischen Garten beim Kiffen erwischt worden war. Okay, zum dritten Mal. Jetzt musste er einen Monat sitzen. In der Ettstraße, wo sie alle hinkamen, wenn sie ein oder zwei Monate kriegten. Deshalb stand Kurt an der Tür. Und das war gar nicht sein Ding. Er wurde sichtlich nervös, wenn mehr als drei Leute vor der Tür standen und um Einlass fragten. Es war erstaunlich, wie viele Frauen ihre Ehemänner vor der Tür stehen ließen, um nur eine Nacht im P 1 verbringen zu können. »Wir sehen uns dann zu Hause, Schatz«, ein kleiner Abschiedskuss und der Gatte musste mit der Tram nach Hause fahren, während die Ehefrau ihr sexuelles Coming-out auf den Solnhofer Natursteinplatten der P-1-Tanzfläche erlebte. Geschwister, Paare, beste Freunde und sogar Zwillinge hatten sich an der Tür getrennt, damit wenigstens einer Einlass bekam.

Allen Unkenrufen zum Trotz war nicht unbedingt das Outfit entscheidend, um reinzukommen. Die pferdeledernen Schuhe aus den USA für tausend Mark oder das Dinnerjacket aus der Modeboutique im Grandhotel von Portofino waren nicht gleich die Eintrittskarte ins Reich der Sinne. Ich wunderte mich immer wieder, wie viele Leute im P 1 einfach nur mit Jeans und T-Shirt ein- und ausgingen, als wäre es ihr Zuhause. Wer öfter vor der Tür stand, konnte sehen, wie einer in Sneakers reindurfte und ein anderer im Maßanzug nicht. Das passte doch gar nicht zur öffentlichen Meinung, dass hier nur alte Säcke in Frack und Sakko den Schampus spritzen und dafür junge Nutten in Miniröcken ohne Höschen auf der Bar tanzen ließen. Okay, Arndt lebte beispielsweise allein in einer Villa in Bogenhausen und hätte mit seinen 72 Lenzen astrein dem Klischee der P-1-Sugardaddys entsprechen können. Dreimal die Woche kam der Gastprofessor für Literaturgeschichte an der Münchner Uni ins P 1, trank Rhabarbersaftschorle und hörte sich die traurigsten Storys süßer Mädchen an, die in ihm den guten alten Onkel sahen, der so gut zuhören konnte. Seine roten Haare hatten durch den weißen Anzug, den er bei jedem Besuch trug, eine ganz besondere Wirkung. Es hieß, er hätte an die hundert weiße Anzüge in seinem Schrank hängen und eine Haushälterin, die den ganzen Tag nur wäscht und bügelt. Donnerstagnacht, wenn er das P 1 verließ, schnappte er sich sein Surfbrett, das er an der Tür deponiert hatte. Etwa fünfzig Meter von der Tür entfernt – zu jener Zeit befand sich das P 1 noch im Osttrakt des Hauses der Kunst – und direkt neben der Zufahrt zum P-1-Parkplatz fließt nämlich der Eisbach vorbei und genau dort entsteht die bei Surfern so beliebte »stehende Welle«. Arndt ritt also den Eisbach, bis er nach etwa einer Minute vom Brett in den reißenden Bach stürzte. Dann wartete bereits sein Fahrer Eduard mit dem weißen Rolls-Royce Silver Shadow auf dem P-1-Parkplatz mit flauschigen Handtüchern und einem trockenen Anzug. Alles natürlich in Weiß.

Wenn Kurt an der Tür war, schob er meist den viereckigen Leonidis aus Mykonos vor; er sollte den Nichtreinkommern die Schreckensnachricht überbringen. Leonidis verbrachte jeden Tag Stunde um Stunde im Kickbox-Center von Thakis am Frankfurter Ring und in Chantals Sonnenstudio gleich gegenüber. Sein größter Traum war es, gemeinsam mit Jean-Claude Van Damme und Chuck Norris im C-Movie *Stoßtrupp Dschungelcamp* irgendeinen Rebellen aus den Klauen eines fiesen Diktators im polynesischen Urwald zu retten. Als ein Engländer vor der Tür stand, drehte sich Leonidis zu Kurt um: »Was heißt ›Nur für Stammgäste‹ auf Englisch?« Kurt hatte gerade genüsslich in ein unglaublich leckeres Roastbeef-Sandwich gebissen und murmelte mit vollem Mund: »Only for members.« Leonidis wandte sich wieder an den Briten und herrschte ihn an: »Komm im November wieder!« Am nächsten Abend war Jackie immer noch weg und Leonidis nicht mehr da.

Ich hatte mir eine Woche zuvor die Stiefel gekauft und war mir überhaupt nicht sicher, ob ich sie an der Tür anziehen sollte. Aber zum einen war die Stahlkappe an der Schuhspitze Gold wert, wenn wieder mal irgendein Trottel auf meinen großen Zeh steigen würde, und zum anderen waren sie durch die britischen New-Wave-Bands gerade unglaublich in Mode. Wahrscheinlich fragte mich Kurt dann auch nur wegen der Schuhe, ob ich nicht tags darauf als Türsteher einspringen könnte. Oder es war einfach kein anderer da, der die Tür hätte machen können. Ich konnte es mir einfach nicht erklären, warum er mich damals fragte. Mein »Ja« sollte mein ganzes Leben verändern.

Die Zeit von elf bis zwölf mochte ich immer am liebsten. Wir öffneten um halb zwölf und ab elf trudelte die P-1-Crew langsam ein. Der Kellner Bill, den wir Postman nannten, weil er ein altes Postauto fuhr, einen Fiat-Bus 900 T, den er sich in Desenzano am Gardasee gekauft hatte, und die Barkeeper Theo und Jonas. Ersterer war ein verkappter Maler und verehrte den neoexpressionistischen Stil Helmut Middendorfs, letzterer huldigte dem Konformismus als *radical chic* der neuen Intellektuellen. Die beiden Barmänner waren unzertrennlich. Sie hatten sich einen alten Gutshof irgendwo südlich von München gemietet. Der alte Hof hatte einen wunderbaren Wohntrakt mit einer herrlich kitschigen Wohnstube, die sie zu einem Multiplexkino umgebaut hatten, um hier ihrem innigsten Hobby zu frönen, Sechzigerjahre-Western auf Großleinwand anzuschauen. Ich glaube, *Leichen pflastern seinen Weg*, den Klassiker von

Sam Peckinpah, mit Jean-Louis Trintignant und Klaus Kinski haben sie an die hundertmal gesehen. Die angrenzende Scheune war ausgestattet mit einem DJ-Pult und der alten Musikanlage aus dem P 1, die immer noch einen satten Bums hatte. Eines Sonntags luden Jonas und Theo zu Spiegeleiern mit Speck und als wir ankamen, war die Scheune voll mit Leuten wie zur Primetime im P 1. Dr. Hotte, Carl Fox, Mr. W., Alberto Cazzo und DJ Wigwam standen allesamt an den Plattentellern und hämmerten ihre Technoscheiben in die bayerische Sonntagsluft wie die Glocken ihr Geläut aus der Putzbrunner Pfarrkirche. Ein paar Technokids, die mitkommen durften, beteten ihre DJ-Götter an, als wäre die Scheune des Jonas ihr *pleasuredome*. Jetzt hatte auch ich verstanden: God is a DJ!

Der Schrägste im Team aber war unser DJ Speedy aus Krumpendorf am Wörthersee. Ein echter Kärntner. Ende der Siebziger lagen auf den Holzstegen zwischen Velden und Klagenfurt Hunderte kunstgebräunte Edelmänner und millionärssuchende Prinzessinnen aus aller Welt Körper an Körper. Und der Geist von Peter Alexander schien allgegenwärtig zu sein, wie er als Kellner Leopold aus dem *Weißen Rößl* mit einem Tablett in der Hand auf Wasserskiern vorbeirauscht und eine Seefontäne auf Busen und Bäuche der Sonnenanbeter verspritzt. DJ Speedy machte damals schon die passende Musik dazu. Aufgelegt hatte er in der Sommersaison im Promilokal Rainers Bar in Pörtschach. Hier hatte er gelernt, die illustren VIP-

Gäste mit locker-flockigen Sommersongs wie »Your Song« von Billy Paul, dieser genialen Soulversion von Elton Johns Schmachtfetzen, oder »I'm your boogie man« von KC & the Sunshine Band anzuturnen, bis das »Schamponieren«, die Champagner-Dusche, eine logische Folge seiner musikalischen Ergüsse war. Irgendwann im Oktober nahm er den Nachtzug von Villach nach München und es verschlug ihn gleich in der Hauptbahnhofgegend ins Bananas, eine fiese Cocktailbar mit Südsee-Feeling, die aber jeden Abend voll bis unters Dach war. Welch eine Fügung, dass Kurt im vierten Stock über dem Bananas wohnte und dort seinen Mango-Daiquiri als Aperitif zu sich nahm, bevor er zur Arbeit ging. Speedy freundete sich schnell an mit dem P-1-Boss und Kurt mit DJ Speedys Musik. Es dauerte nicht lange, dann zog ihn Kurt aus dem Saftladen am Hauptbahnhof hinüber in den Sündenpfuhl an der edlen Prinzregentenstraße.

Speedy war ein begnadeter DJ. Ab elf liefen immer die ruhigeren Songs seiner Lieblingsbands: Charlatans, The Cure, Boomtown Rats. Nach ein paar Tagen haben alle mitgesungen: »Tell me why I don't like Mondays …«

An meinem dritten Abend als Türsteher gab es eine Party. Etwa zweihundert Leute waren eingeladen, der britische Musiker John Miles trat live auf. Sein Rock-Opus »Music« war das One-Hit-Wonder schlechthin. Unglaublich, aber im Chor sollte angeblich Tina Turner mitsingen. Ich musste erst lernen, dass im P 1 Gerüchte wahr werden können.

Bis drei Uhr morgens rockte Tina mit John in einem Vier-Stunden-Set die provisorische Bühne auf der Empore vor knapp 180 Gästen, bis die Glasabdeckungen der Lichtquader unter dem Balkon an Theos Bar einigen Gästen auf die Köpfe fielen. Nix passiert. *Music was my first love and it will be the last.* Die Einladungskarte für die Party hatte ich mir aufgehoben. Es sollte sich als Fehlgriff herausstellen.

Am Mittag nach der Party nahmen DJ Speedy und ich ein spätes Frühstück bei Corsario ein. Der Don unter den Italo-Wirten war ein cholerischer Pferdemetzger aus dem Friaul und eröffnete Anfang der Achtziger den ersten Steh-Italiener Münchens. Nach ein paar Kräuterschnäpsen holten wir die Einladungskarte der Party vom Vorabend raus – eine Fünfzigmarknote mit dem Konterfei von John Miles und zwei Musikern. Mit großem Gelächter hatten wir Corsario den Schein als Bezahlung der Rechnung gegeben und gesagt: »Stimmt so!« Der Anwalt am Nachbartisch fand das gar nicht so lustig und zeigte uns bei der Polizei wegen der Verbreitung von Falschgeld an. Als der kleine Kripomann Bertl Halbritter den falschen Fünfziger bei meiner Anhörung im Kriminalfachdezernat 2 in die Hände bekam, musste er lachen. Der Anwalt zog seine Anzeige zurück und kam nie wieder ins Corsario.

DREI

Gangsta's Paradise

Ich schob die Tonbandkassette in den Rekorder und trommelte den Rhythmus auf dem Lenkrad mit. Ich war mit dem R 4 auf dem Weg zum P 1 und hatte lauthals mitgesungen, weil ich mir alle noch so schwierigen Texte eines jeden dämlichen Songs merken konnte, dafür aber – nicht unbedingt die beste Qualifikation für einen Türsteher – keine Telefonnummern und auch keine Namen. Ein Türsteher ohne Namens- beziehungsweise Personengedächtnis, der seine Gäste womöglich mit einer indifferenten Grußformel wie an der Lebensmitteltheke mit »Guten Abend die Dame, grüß Gott der Herr« empfängt, das geht überhaupt nicht.

Die Tonbandkassette begann zu leiern: »Ai-ai-ai was-was made fo-fo-for lo-lo-lo-ving you-you.« Gene Simmons und Paul Stanley hätten mir wahrscheinlich nie verziehen, dass mir der größte Kiss-Hit als Stotter-Remix eigentlich ganz gut gefiel. Mit der rechten Hand schlug ich mehrmals auf die Tastatur des Rekorders, um so die Kassette vielleicht wieder rauszubekommen. Umsonst. Bandsalat. Der Kassettenrekorder in meinem weißen Renault 4 gab nun endgültig seinen Geist auf. Und zu allem Übel verhakte sich auch noch der dritte Gang der Revolverschaltung, die sich direkt über dem Rekorder befand. Mit einem schauderhaften, ohrenbetäubenden Krächzen brachte ich den Dritten wieder rein und bog ohne Musik ab auf den Parkplatz vom P 1.

Der Parkwächter hatte immer viel Geld in der Tasche. Keine Ahnung woher, er hatte es einfach. Nachts, wenn das P 1 offen hatte, konnte man nicht nur freie Parkplätze bei ihm kaufen. Außer »fünf Mark« und »zehn Mark« – das waren die Preise für die Plätze von hinten nach vorne – konnte er kein Deutsch. Mit seiner stoischen Art hatte er schon manchen Parker zur Weißglut gebracht. Angeblich ist einer der Parkplatz-Bittsteller mal vor lauter Frust in den Eisbach gesprungen. Im Winter! Im Sommer mag es ja ganz nett sein, darin zu baden, oder vom Trockenen aus den Surfern auf der stehenden Welle zuzuschauen.

Gianni saß zusammengekauert auf der zerschlissenen Hollywoodschaukel vor dem Eingang. Als ich ihn sah, wurde mir klar, was für ein Spinner er eigentlich war. Er versuchte, statt beide Hände zu gebrauchen, mit nur einer Hand ein Streichholz an der Reibefläche der Zündholzschachtel, die er sich zwischen die Knie geklemmt hatte, anzuzünden, was ihm natürlich nicht gelang. Seine hautenge Stretchhose fing schließlich Feuer am linken Oberschenkel und sein Plastikgürtel wurde angekokelt, eine Eigenkreation aus zusammengedrehten Mülltüten und Puppenköpfen. Mit meinem Orangensaft löschte ich das Feuer in Giannis Lendengegend.

Gianni hatte im Laufe der Zeit das Aussehen eines Hermaphroditen angenommen. Alle dachten, er sei schwul, und Gianni glaubte es inzwischen auch. Er war total auf Sex gepolt. Als wir eines Sommers mit dem ganzen Team einen Ausflug an den Ammersee machten und abends in einem kleinen Gasthof übernachteten, gab er mir zu verstehen, dass in seinem Zimmer noch ganz viel Platz sei. Was für ein Zufall aber auch! Als wir abends todmüde aufs Zimmer gingen, wurde der Zufall zum Kalkül: Das Bett war schon für einen ziemlich schmal. Nun waren wir vom Vorabend im P 1 noch so müde und fertig, dass ich mich einfach hinlegte. Gianni drückte sich in der Löffelchen-Stellung an mich, ganz nah. Ich starrte auf dem Rücken liegend an die Decke, als mir Gianni ins Ohr flüsterte, dass ich meine Hose doch nun wirklich ausziehen könnte, es sei doch so warm unter dem rot-weiß-karierten Federbett. Das war dann der Punkt, bei dem ich aus dem Bett kletterte und den Fernseher einschaltete: knallbunte Musikvideos auf MTV, »Boom! Shake the room« von DJ Jazzy Jeff & The Fresh Prince, danach endloses Gequassel von Steve Blame und Ray Cokes. Ich schlief im Ohrensessel vor dem Fernseher ein. Mein Rücken »dankte« es mir.

In seinem früheren Leben war Gianni Pizzabäcker, Autoverkäufer, trug Mädchenslips und sagte immer zu seinen Eroberungen, wenn es um die Wurst ging, so Sachen wie: »Hier kommte de Mause!« Er war das, was man extrovertiert nannte. Natürlich wohnte er noch bei seiner Mutter, die im Münchner Westend in einem Apartment über ihrem kleinen Elektroladen wohnte. Dort hatte »la mamma« das Sagen und sobald Gianni aus dem Haus war, suchte er den Weg auf die Bühne, egal, wo diese gerade war. Dabei wurde er immer wieder Opfer der skurrilsten Vorfälle. Einst hatte er aus Berlin für einen Freund ein Päckchen auf dem Flug nach München mitgenommen; er dachte, es seien Blumensamen für das Grab der Oma seines Bekannten. Die Flughafenkontrolle sah die Sache etwas anders und wir mussten tausend Mark Kaution für ihn hinterlegen, damit er nach Hause durfte.

Er stammte aus einem kleinen Dorf auf Sizilien. Ich konnte mir den Namen nicht merken, jedenfalls liegt es irgendwo vor Palermo. Sein Vater war angeblich in den Sechzigern Mitglied der Cosa Nostra, Gianni aber hatte nichts von einem Mafioso an sich. Abgesehen davon, dass er mit seiner Mutter zusammenwohnte, fuhr Gianni einmal im Jahr, immer kurz vor Ostern, in das kleine sizilianische Kaff, um seinen Onkel zu besuchen, der dort eine kleine Strandbar betrieb. Einmal hatte er Kurt und mich mitgenommen, und wir erkannten Gianni fast nicht wieder, so cool und selbstsicher wie er in seiner Heimat auftrat. Man muss dazusagen, dass Gianni mit einsachtzig für einen Sizilianer relativ groß war und außerdem sehr dünn, fast schon hager. Seine kurz geschorenen Haare ließen ihn eher wie ein Totenkopfäffchen als wie einen prächtigen Sizilianer aussehen. Dazu kam sein durchgeknallter Spleen, verschiedenste Klamotten völlig wirr zusammenzustellen, sodass letztendlich ein für ihn typisches Outfit herauskam.

Als wir am ersten Abend unseres Urlaubs in Sizilien ausgingen, hatte er einen Trachtenjanker über ein Blondie-Shirt gezogen, als Hose trug er eine undefinierbare Mischung aus Boxershorts und Knickerbocker, Schuhe hatte er gar keine an, er ging barfuß. Er brachte uns in die angesagte Dorfdisco, die sich an der Steilküste in einer Art Felsengrotte versteckte. Alle Männer dort hatten eine Sonnenbrille auf und Slipper mit Bommeln an. Wir bestellten uns einen Limoncello und tranken erst mal auf den Namen des Clubs: La Dolce Vita. Wie süß das Leben in dieser Nacht noch sein sollte, erfuhr ich im Männerklo, das aussah wie eine Tropfsteinhöhle, und dessen Boden patschnass war. Kaum stand ich mit dem Gesicht zur Felswand und versuchte nun, nach etwa fünf Schnäpsen in das kleinste Urinal der Welt zu zielen, sah ich mich von zwei Spagallos vor der Latrine eingekesselt. Zum Glück reichten mir beide nur bis zur Schulter, denn sie schauten ziemlich böse, als ich ihr Angebot ausschlug, ein kleines Päckchen mit weißem Pulver von ihnen zu kaufen. Meine beiden Hände waren ja mit Pinkeln beschäftigt, also schüttelte ich vehement den Kopf, um ihnen klarzumachen, dass ich an diesem Abend das süße Leben doch eher mit Zitronenschnaps als mit verschnittenem sizilianischen Koks genießen wollte. Natürlich gefiel ihnen das gar nicht und genau als sie überlegten, wie sie mir an die Wäsche gehen konnten, stolperte lauthals singend mein Freund Gianni durch die Tür des Männerklos. Ich habe erst viel später verstanden, was dann eigentlich abging. Die beiden Sizilianer sahen Gianni ankommen, rissen die Augen verängstigt auf, sprangen gleich mal einen Meter zurück, sodass der eine mit seinem Hintern im Waschbecken landete. Mir kam es so vor, als würden sie sich letztendlich vor Gianni verneigen; dann flüchteten sie schnurstracks ins Getümmel auf der vollbesetzten Tanzfläche. Erst am nächsten Tag erfuhr ich, dass Giannis Onkel den Verkauf von Alkohol und anderen Muntermachern nicht nur an seiner örtlichen Beachbar, sondern an der gesamten Küste bis Palermo kontrollierte, und dass er und sein Neffe aus Deutschland manchen Orten stichprobenartige Besuche abstatten würden. Vielleicht erzählte uns Gianni deshalb nie etwas von seinen sizilianischen Verwandten.

Gianni war mit Abstand der verrückteste Barista Münchens. Seine kleine Kaffeebar im P 1 zwischen der Garderobe und dem Herrenklo war für ihn sein Hort, sein Rückzugsort. Dort bereitete er die besten Roastbeef-Baguettes der Stadt zu und servierte einen Latte wie von einem anderen Stern. Seine Bar sah mittlerweile aus wie ein Schrein aus Pin-up-Postern, Abziehbildern und Fußballsammelkarten. Die Bildchen mit Unterschriften hatte er von den Balljongleuren selbst bekommen, als sie an seiner Bar waren und feierten: Romário, Roberto Baggio, Klinsmann. Neben Giannis Bar stand deshalb auch der Tischkicker. Wir spielten immer nach dem Arbeiten um einen Haufen Kohle. Am besten war es, wenn Gianni mit Frauen kickerte. Eines Tages waren besonders gute Hasen am Kickern, was nicht nur an Gianni lag, sondern an der Tatsache, dass seit etwa einer Stunde ein treffsicherer Schwarzer mit nach oben eingedrehten Löckchen an den Drehstangen des Fußballtisches herumwirbelte. Wie wir erfuhren, hieß er Artis Leon Ivey Jr., a. k. a. (also known as) Coolio. Er war gerade in München um seine neue Single zu promoten: »Gangsta's Paradise«. Seinen Künstlernamen Coolio hatte sich der amerikanische Rapper übrigens zugelegt, als ihn beim Einstudieren neuer Songs jemand fragte, ob er sich für Julio Iglesias halte. Wahrscheinlich kannte er den spanischen Schmachtonkel gar nicht und bevor er sich nun cooler Julio nannte, machte er lieber Coolio draus.

Nach ein paar Zu-null-Spielen zugunsten Coolios war es fünf Uhr morgens und DJ Speedy hatte schon die Musik abgedreht. Es waren nur noch ein paar Groupies und Barkeeper da, als wir Gianni von Weitem schreien hörten, als hätte er ein Messer in den Hintern gerammt bekommen. Wir rannten los und fanden ihn an der Eingangstür. Völlig verwirrt zeigte er durchs Türfenster nach draußen, wo wir im Schein der Straßenlaterne eine dunkle Gestalt herumhuschen sahen. Nachdem sich Gianni wieder beruhigt hatte, versuchte er, uns klarzumachen, dass der Unbekannte da draußen eine Waffe in der Hand hielte und mit dieser bereits auf ihn gezielt habe, dass das doch nicht ginge, und dass er seitdem hier unter dem Türfenster sitze und schreie und sich nicht vom Fleck bewegt habe. Ich schaute Kurt an, der mit hergeeilt war, Kurt schaute mich an, und wir sahen Gianni an, der uns jedoch nicht ansehen konnte, weil er die Augen geschlossen hielt. Vorsichtig hoben Kurt und ich unsere Köpfe und spähten nochmals durch das kleine Fensterchen nach draußen. Der Typ war tatsächlich noch da und fuchtelte mit etwas herum, das wirklich aussah wie eine Pistole. »Okay, holen wir die Bullen.« Kurt hatte eine Entscheidung getroffen. Er wählte die 110, erklärte dem Mann am anderen Ende der Leitung, dass jemand mit einer Waffe vorm P 1 stehe und dann warteten wir. Zwei Minuten. Fünf Minuten. Gianni wurde ganz blass, als er das Wort Polizei hörte, da er auf einmal nicht wusste, wo er seine Ecstasy-Pille verstecken sollte, die er in seinem Mülltüten-Gürtel eingewickelt hatte. Schließlich schluckte er sie einfach runter. Nach etwa fünfeinhalb Minuten war draußen lautes Geschrei zu hören, fast so wie in Krimis, wenn das SWAT-Kommando einen Tatort stürmt und alle Polizisten wild um sich schreien. Das machen sie, um die Gangster zu erschrecken und um ihre eigene Anspannung loszuwerden. Die Männer mit den schwarzen Masken, die wie Ninja-Kämpfer aussahen, hatten schusssichere Westen an und waren mit Maschinenpistolen bewaffnet. Sie sprangen aus den Hecken vom Englischen Garten auf den Unbekannten zu, ließen ihn Hände und Füße ausspreizen und pressten sein Gesicht in den dreckigen schwarzen Teppich, den wir immer vor die Tür legten. Vorsichtig drückte ich die Klinke herunter und lugte durch einen kleinen Spalt nach draußen.

Vor dem Eingang stand ein schwarz gekleideter Mann in Jeans und Rolli mit einer dunklen Skimütze mit Löchern für die Augen drin. Er stellte sich freundlich als Einsatzverantwortlicher vor. In der rechten Hand hielt er die vermeintliche Waffe, die seine Kollegen dem Verdächtigen abgenommen hatten. Garys Fahrradsattel mag zwar im Dunkeln und aus der Ferne eine gewisse Ähnlichkeit mit dem Colt Six Shooter aus der Zeit des Wilden Westens gehabt haben, dennoch wollten wir unserem Stammgast Gary aus dem irischen Städtchen Kilkenny nicht unbedingt die Kaltschnäuzigkeit unterstellen, auf die dunkle Seite der Macht gewechselt und ein gefährlicher Shootist geworden zu sein, der morgens um fünf unseren schwulen Gianni mit Waffengewalt zum Kreischen bringen wollte. Der nette Mensch vom Sondereinsatzkommando hatte denn auch seine Schwierigkeiten, den Sattel als Waffe zu identifizieren. Außerdem würden wir Gary unrecht getan haben, denn die Sitzgelegenheit war das Einzige, was übrig geblieben war von seinem

Rad, das ihm vor dem P 1 geklaut worden war, während er noch drinnen mit Barkeeper Theo um die Wette gesoffen hatte. Mit Coolio und Gary haben wir dann bis um sieben gekickert.

VIER

Reifenprüfung

Samstagfrüh gegen 5.00 Uhr – ich gab Gas. Das war die einzig richtige Reaktion auf den U-Turn, bei dem mein R 4 beinahe umgekippt wäre. Mit angezogener Handbremse hatte ich den alten Renault quer über den Mittelstreifen der Prinzregentenstraße, bevor es in den Altstadttunnel geht, um 180 Grad gedreht. Eigentlich hätten die Vorderreifen platzen oder meine alte Karre hätte einen klassischen Achsbruch erleiden müssen. Aber die kleine weiße Rennsemmel hielt durch. Ich hatte es nicht für möglich gehalten, dass sie noch 135 Sachen schaffen würde. Mit Vollgas und absoluter Höchstgeschwindigkeit fuhr ich durch den vierspurigen Tunnel – um diese Uhrzeit war noch nicht viel los auf Münchens Straßen – und bog ein paar Straßen weiter in die Leopoldstraße ein, als ich sie wieder im Rückspiegel sah. Der silberne Chevrolet Camaro kam schnell heran und klemmte sich an meine Stoßstange, die schon fast am Boden streifte, weil sie nur noch an zwei Schrauben hing. Die Insassen des Camaro kamen aus Hamburg, soviel wusste ich. Ich hatte die Hamburger in jener Samstagnacht ein paar Stunden vorher zum ersten Mal gesehen. Sie waren zu viert an die Tür gekommen.

Samstagnacht gegen 1.00 Uhr: Der Boss der Hamburger war ein großer Dicker mit grauem Haar und einem Oberlippen-Schnäuzer. Sein weißer Doppelreiher und sein leuchtend blaues Rüschenhemd vertrugen sich nicht so richtig, dennoch waren sie sicher die beste Verkleidung, um seinen Wanst sogar leicht modisch aussehen zu lassen. Unter dem weiten Kragen lugte eine fette Goldkette hervor, wie sie Run DMC in ihrem Video zu »Walk this way« nicht besser zur Schau hätten stellen können. Statt eines, wie bei den amerikanischen Hip-Hoppern, drangehängten Dollarzeichens erstrahlte bei diesem Hamburger ein Anhänger mit vier Buchstaben: Ingo. Entweder war er schwul oder er wollte von Anfang an, dass alle wussten, mit wem man es zu tun hatte. An der rechten Hand trug Ingo einen markanten Totenkopfring, mit dem er in einigen Gesichtern bestimmt schon einen tieferen Eindruck hinterlassen hatte. Mit seinen drei Kollegen hatte er sich tags zuvor im Camaro auf den Weg nach München gemacht, um sich mal in Bayern umzuschauen und um »Frischfleisch« zu casten. So nannten sie neue Stripperinnen und sie hatten gehört, dass es hier süße Studentinnen gäbe, die sich in Sexbars zum BAföG noch was dazuverdienen wollten. In einer dunklen Seitenstraße der Hamburger Reeperbahn betrieben sie eine

48

schäbige Stripteasebar, so eine, in der man zuerst an den Wichskabinen vorbeimusste, bevor man in den Hauptraum kam. In dem drehten dann auf der mittigen Rundbühne, die an der Kante mit Plastikgirlanden geschmückt war und die im roten, schummrigen Scheinwerferlicht schlichtweg dreckig aussah, zwei polnische Mädchen in Schuluniform gelangweilt ihre einstudierten Pirouetten auf Murray Heads »One Night in Bangkok«.

Freitagabend, gegen 21.00 Uhr: Im Münchner Bahnhofsviertel trafen sich die Hamburger Loddels an der Hotelbar von Helgas Pension in der Schillerstraße. Angeblich – so hatten die Hamburger gehört – hätten dort ein paar von den jungen angehenden Akademikerinnen ein Zimmer auf Dauer gemietet, über die Helga ihre schützende »Mutterhand« halten würde. Das war in diesem Gewerbe in manchen Situationen Gold wert. Ingo wusste ganz genau, dass der Weg zu den Girls nicht an Helga vorbeiging. Deshalb versuchte er auch, mit ihr mitzuhalten, und schüttete sich mit ihr einen Whiskey nach dem anderen rein, als Sharon die Treppe herunterkam und dabei Ingo fast in die Arme lief. »Ich geh kurz rüber und besorg eine Pizza«, sagte Sharon. »Alles klar, mein Liebchen, bring mir eine ›Salami‹ mit«, gab ihr Helga mit auf den Weg. Sie nickte mit ihrem Kopf in Richtung Sharon, die gerade durch die Tür verschwand, und gab Ingo somit zu verstehen, dass Sharon eines der Mädchen sei, für die sie sich interessierten. Als Sharon zehn Minuten später zurückkam und sich auf eine Couch setzte, die genauso aussah, wie bei Ingo zu Hause, nur wesentlich sauberer, wies Ingo Arpad, den hübschesten seiner Kollegen, an, sich neben Sharon aufs Sofa zu gesellen. Arpad gehorchte und brachte seinen ganzen südländischen Charme auf, der ihm schon als 16-Jähriger in seiner ligurischen Heimat Dutzende heiße Hasen und Stunden beschert hatte. »Schmecke de Pizza?«, leitete er die Turtelei mit Sharon ein. Sein schwerer Ledermantel, den er für zehntausend Lire auf dem Wochenmarkt in Ventimiglia ergaunert und dann selbst mit einem Markenetikett ausstaffiert hatte, um ihn als sündteuren Mantel in den nächsten zwei Wochen weiterzuverscherbeln, hatte sich in seinem Rücken derart in Falten gelegt, dass er völlig schief dasaß und deshalb immer näher an die schöne Sharon heranrücken musste. Ihr schien es nicht zu missfallen. Arpad sah nun wirklich süß aus mit seiner schwarzen Ponyfrisur und seinen strahlend blauen Augen.

Freitagabend, gegen 22.00 Uhr – Sharon wollte nach der Pizza unbedingt ausgehen, es war ja noch nicht mal Mitternacht. »Wohinne wolle du gähene heute Abende?«, versuchte Arpad freundlich herauszufinden. »Mal sehen«, sagte Sharon, »was die Nacht so bringt. Erst hol ich Blanche im Roses ab, dann gehen wir noch ins P 1.« Sharon hätte wohl schon gerne ihren Italolover Arpad in jener Nacht wieder getroffen, aber nicht mit Ingo und den beiden anderen im Schlepptau, zumal sich die drei auch als hundertprozentige Problemfälle an der Tür herausstellen würden, mit denen man schon beim Roses wahrscheinlich keine Chance hätte.

Das Roses an der Leopoldstraße war zu jener Zeit der neue Hort der Dekadenz, der Ofen zum Vorglühen fürs Parkcafé und das P 1. Ich war ein paarmal mit Rebecca dort und selbst sie hatte sich immer fürs Roses so aufgebrezelt, als hoffte sie, dort endlich ihren Traumprinzen zu finden. Angreifen, abfeiern, ausrasten. Alle haben sich im Roses vor dem Abflug ins P 1 getroffen. Fletcher, der Opern singende Strafrechtler aus Bogenhausen, hatte da jeden Freitag seinen Tisch, dort playboyten sie rum und verabreichten den leichten Mädchen Champagner gleich magnumweise. Nach ein paar Flaschen fing Fletcher an, den Papageno mit der für ihn typischen Falsettstimme zu geben, indem er auf dem Tisch mit einem Bein in die Nachos eines stadtbekannten Paparazzo trat und mit dem anderen Rebeccas Caipirinha auf dem Schoß von Arnold B., dem Industriellensohn, platzierte. Da half dem Jungen auch die schwarze Kreditkarte nichts: Er sah aus, als habe er in seine Hose gepisst. Jetzt kam Stimmung auf. Hotelerbinnen, einschlägig bekannte Tennisspieler und Fußballstars, Ex-Freundinnen und ein Rattenschwanz blasierter Bedeutungsloser traten auf die Jet-Set-Bühne und spielten ihre Rollen.

Freitagabend, gegen 23.00 Uhr – Rebecca kannte Blanche schon seit ein paar Monaten. Blanche war aus Berlin gekommen, absolvierte gerade ein Trainee-Programm bei

Baum & Co. und verdiente sich als Kellnerin im Roses einige Kohle nebenher. Sharon wartete schon an der Getränkeausgabe auf Blanche, als die noch ihre letzten Gäste abkassierte. Dann war ihre Schicht zu Ende und die beiden Schönheiten wollten zusammen mit Rebecca rüber ins P 1. Sharon hatte Arpad vorgeschlagen, dass sie sich doch am besten gleich im P 1 treffen sollten. Auf dem Weg dorthin zog sich Blanche – als Fahrerin! – im Auto um. Rebecca und Sharon sahen ihr begeistert zu, wie sie es schaffte, das schwarze Top während der Fahrt auszuziehen und den grauen, ärmellosen Rolli über den Kopf zu stülpen. An der Ampel vor dem Haus der Kunst drehte sie den Rückspiegel zu sich und zog sich die Lippen nach. Die ganze Fahrt hatte zehn Minuten gedauert und nun standen sie auf dem Parkplatz vor dem P 1. Der Parkwächter kannte die drei Mädels im Cabrio schon und winkte sie nach vorne durch. Dort bestachen sie ihn mit einem Whisky-Cola aus der Dose und einem Küsschen auf die Wange. Die drei Mädels sah ich schon von Weitem und bedeutete ihnen mit einem Handzeichen, dass sie an den dreißig Leuten, die vor dem Eingang warteten, rechts vorbeigehen und beim Ausgang reingehen sollten, an dem aushilfsweise Antonio stand, der ältere Bruder unseres Barista Gianni. Ich nickte Antonio zu, das war das Zeichen für ihn, die drei Bellas durchzulassen. Blanche war nicht anzusehen, dass sie unmittelbar zuvor noch in einer brechend vollen Saufkneipe gekellnert hatte.

Ich hatte die schwarz-goldenen Kordeln an den Pfosten, die ich unter der Woche vor die Tür stellte, durch vier Absperrgitter ersetzt. Zusammen mit der Hauswand bildeten die vier Gitter eine Art Vorgarten oder Freigehege. Zwischen Hauswand und erstem Gitter ließ ich einen halben Meter frei als Eingang. Als die drei Mädels im P 1 verschwunden waren, stand ein Typ mit Sonnenbrille und Hut vor mir. So nah, dass ich seinen schlechten Atem riechen konnte. Knoblauch. Er kam mir bekannt vor und an seinen gefärbten Augenbrauen erkannte ich, dass es Mr. Friday war, der jeden verdammten Freitag in komplett anderer Montur daherkam: mit Melone, Cowboyhut, Baseballcap, Lederhose, Bermudas, Anzug oder Pelzmantel – ein gewisses Talent fürs Verkleiden war bei Mr. Friday sichtlich vorhanden. Mehr noch jedoch bewunderte ich seine Eloquenz und sein Durchhaltevermögen, immer wieder in komplett neuen Outfits zu erscheinen. Jedes Mal hatte er die zusammengerollte *Süddeutsche Zeitung* unterm Arm und eine Aktentasche dabei. Ich hätte zu gern gewusst, was da drin war. Vielleicht ein Kassettenrekorder, mit dem er unsere ausgiebigen Dialoge aufnahm? Das wäre im Falle der nächsten Kandidaten gar nicht mal so schlecht gewesen: Ingo und seine drei Begleiter.

Samstagnacht, gegen 1.00 Uhr – Ingo liebte den großen Auftritt und fuhr mit dem Camaro die Rampe neben der Freitreppe bis zum ersten Absperrgitter vor. Das Kennzeichen des Camaro konnte ich erkennen; es begann mit

»HH«. »Ha ha said the clown« fiel mir dabei spontan ein, jener Songtitel von Manfred Mann, als ich beobachtete, wer da aus dem Auto stieg. Als Erstes sah man Ingos grüne Schlangenlederschuhe und seine roten Socken. Dann folgte Ingo in seiner vollen Größe in seinem Doppelreiher und seinem Rüschenhemd und danach seine Kumpane: Arpad, Freddy Four Fingers, den sie so nannten, weil er sich bei einer Abbitte gegenüber dem Yakuza-Boss Ichi dem »Yubitsume«, der Fingerverkürzung an seinem kleinen Finger, unterzogen hatte, und Judo-Jan, der bekannt dafür war, als Geldeintreiber alle Schuldner im Schwitzkasten zum Zahlen zu bringen. Wäre es besser gewesen, Karate-Kurt zu meinem Treffen mit dieser Geisterbahn-Crew dazuzuholen? Nun stand Ingo also vor mir und sagte: »Wir sind zu viert.« – »Sorry, aber das geht nicht, es ist zu voll«, brachte ich ihm entgegen. Ich konnte sehen, wie Ingo die Halsschlagader anschwoll und seine Wangen einen, ich würde sagen, Rosé-Farbton annahmen. Er schob seinen Kopf nach vorne, als wollte er mir etwas ins Ohr flüstern. Und wenn Männer zu flüstern beginnen, dann wird's schlimm: entweder peinlich, falls der Flüsterer sich als pubertierender Pickelträger entpuppt, oder aber tödlich, falls der Flüsterer der Pate ist und dann die Killeransage macht. »Das hättest du nicht tun sollen«, raunzte mir Ingo ins Ohr, »dadurch verlierst du deinen …«, er kam nicht dazu, den Satz zu beenden, denn ich fiel ihm ins Wort: »Ja, ja, ich weiß schon, ich verlier meinen Job!« Doch Ingo meinte nicht meinen Posten, er meinte tatsächlich meinen Kopf. Wie ich später von einem Rotlicht-Kenner erfuhr, war das genau die Killeransage. Hatte ich vielleicht Glück, dass Ingo nicht der Pate aus Palermo, sondern der Halbwelt-Lude aus St. Pauli war?

Meine schlechteste Eigenschaft war, dass ich immer an das Gute im Menschen glaubte. Doch dieses Mal sollte mich meine Naivität Lügen strafen und den Beweis erbringen, dass die dunkle Seite des Menschen eine überaus große Macht besitzt. Dazu musste ich nicht Darth Vader gegenüberstehen, es reichte, Ingo von der Reeperbahn an der P-1-Tür eine Abfuhr gegeben zu haben.

Samstagfrüh, gegen 5.00 Uhr – »Postmans« alter Fiat-Postbus parkte direkt vor meinem R 4, dass nicht mal mehr ein Streichholz dazwischen passte. Er verabschiedete sich schnell und kurbelte wie ein Wahnsinniger am Steuerrad seines Busses, um aus der engen Parklücke herauszukommen. Ich zündete mir eine Zigarette an und wartete, bis Postman gefahren war. Dann startete ich meine Rennsemmel und fuhr los.

Es krachte nicht schlecht, als Ingos Camaro mir auf der Leopoldstraße das erste Mal hinten reinfuhr. Sie hatten mir am P 1 aufgelauert. Ingo trug eine Sonnenbrille und lachte, als er mich das zweite Mal touchierte. Ich wusste nicht genau, ob ich sauer sein oder mir vor Angst in die Hose machen sollte, aber meine innere Aufregung hatte großen Einfluss auf die Reaktionsfähigkeit meines rechten Fußes, der nun das Gaspedal runterdrückte, als wäre mein R 4 ein Dragster beim Viertel-Meilen-Rennen. Der Camaro blieb auf den Hauptstraßen ziemlich dicht hinter mir, deshalb suchte ich meine Rettung in den Seitenstraßen. Es blieb nicht aus, dass ich an die beste Verfolgungsjagd aller Zeiten denken musste, in der Steve McQueen in *Bullitt* zwanzig Minuten ohne Musik und ohne einen Ton zu sprechen hinter zwei Gangstern herrast. Nur: Ich fuhr keinen Ford Mustang Fastback und jagte auch keinen Dodge Charger R/T und außerdem war ich als Guter der Langsame, der von den bösen Schnellen verfolgt wurde. Es war nicht ganz einfach, sich auf die Straße zu konzentrieren und gleichzeitig zu überlegen, wo ich denn bei meiner ersten Verfolgungsjagd überhaupt hinfahren sollte. Zur Polizei? Nicht gut. Ins P 1 zurück? Alle schon weg. Nach Hause? Keiner da. Zu DJ Speedy? Hat immer Schiss.

Ich bog in die Schleißheimer Straße ein, schaltete in den Dritten und gab Gas ohne Ende, dass ich dachte, das Pedal würde nie mehr aus dem flauschigen Fußteppich nach oben zurückkommen. Die Tachonadel zeigte auf 140 km/h, und aus der Motorhaube quollen schon dichte Rauchwölkchen. Egal: weiter volle Lotte. Genau auf der Höhe vom Nordbad trat ich monstermäßig auf die Bremse, dass ich dachte, ich würde gleich auf dem Asphalt stehen. Mit sicheren 50 Sachen passierte ich die Radarfalle. Da Ingo und seine Kumpane die Gegend nicht kannten und mich nicht verlieren wollten, kamen sie mit einem Mordstempo angerast.

Im Rückspiegel sah ich nur noch, dass die Cops den Camaro rechts rausholten. Ein Streifenwagen setzte sich vor ihn, einer kam von hinten. Ich machte an der nächsten Ampel kehrt und fuhr auf der entgegengesetzten Spur ganz langsam an ihnen vorbei. Ingo stand mit gespreizten Beinen und den Händen auf der Motorhaube mit dem Rücken zu mir, als sie ihm Handschellen anlegten. Leider konnte er nicht mehr sehen, wie ich ihm beim Vorbeifahren zugewunken hatte. Ingo fuhr nie wieder nach München. Auch nicht wegen der schönen Mädchen.

FÜNF

Nahkampftempel

Der erste Stich ging genau zwischen die Augen. Der zweite von oben nach unten bis zum Nasenrücken. Ich hatte meinen Kopf in eine akrobatische Schräglage bringen müssen, um die Buchstaben auf dem kleinen Schildchen des midi-kurzen Arztkittels zu entziffern. Sie hieß Cloé Richter und war die diensthabende Ärztin in der Notaufnahme des Krankenhauses. Unter dem weißen Kaftan lugte ein lila Top heraus und ihre Füße steckten in Gummisandalen, wie sie eigentlich für Strandläufer in St. Tropez oder Bikinibeautys auf Ibiza gemacht worden waren.

»Stell dich nicht so an, Klaus«, sagte sie und dabei lächelte sie zynisch. »Äh, woher weißt du, wie ich heiße?« Ich versuchte mich zu entsinnen, wo wir uns schon einmal begegnet sein konnten. Im Kit-Kat-Club? Hm, mit etwas Fantasie schon! Im Roses? Möglich, aber ich konnte mich nicht dran erinnern. Dann war's im Supermarkt in der Augustenstraße. Sie kauft aber sicherlich beim Discounter ein, Ärzte verdienen doch nix. Dann, Geistesblitz: aus der Traube vor der P-1-Tür? Bitte nicht! Dann würde sie die Nadel für den letzten Stich aus Rachegelüsten sicher tief in meine Stirnhaut rammen. Who the fuck is she? »Du weißt es wirklich nicht, oder?«, witzelte sie. »Nein, echt nicht, ich weiß es ehrlich nicht.« Ich musste wohl den Eindruck eines Volldepps hinterlassen, so saudumm wie ich mich anstellte. Schließlich gab sie mir den entscheidenden Tipp: vom Klo! »Wow, du warst das?«, fiel es mir wie Schuppen von den Augen. Langsam kam meine Erinnerung zurück, die Erinnerung an letzten Donnerstag in der Herrentoilette vom P 1.

Genau dort hatte die dicke Sofie das Sagen, sie führte ihr Regiment mit Zuckerbrot und Peitsche und alle liebten sie dafür. Auf dem kleinen Nachttisch, den sie immer mit Deo, Haargel, Zahnseide und Parisern auffüllte, drapierte sie jeden Abend ihr selbstgehäkeltes eierschalenfarbenes Deckchen, auf das die Benutzer ihr Toilettengeld legen sollten. Tom Cruise hatte sich ihr mehr als zehn Minuten lang gewidmet, als er bei der Premierenparty zum Deutschland-Start von *Minority Report* auf den Lokus musste. Wir fragen uns heute noch, worüber die beiden wohl geredet haben, da Sofie kein einziges Wort Englisch konnte. Eines Sommertages hatte ihr ein sehr bekannter Fußballer, der sehr viel Zeit im P 1 an der Bar von Maike verbrachte, ein Flugticket nach Gran Canaria geschenkt. Sie hatte sich so sehr auf die Reise gefreut, aber sie musste in München wieder aussteigen, weil sie die Stewardess k. o. gehauen hatte, als diese ihr zwei Literflaschen Sliwowitz abnehmen wollte. Es gab Abende, da lagen fünfhundert Mark auf ihrem Häkel-Plaid, und angeblich wurde sie von Stammgästen dabei gesehen, wie sie sich bei einem Juwelier an der Maximilianstraße eine sündteure Armbanduhr gekauft hatte: Noblesse toilettique.

In dem Moment, als ich in die Herrentoilette kam, war Sofie wohl selbst mal austreten. Ich platzte in die Szene, just als Cloé Richter ihrem Lover zu verstehen gab, seine Jeans wieder über seinen kleinen Hintern hochzuziehen. Peinlich war es ihr nicht. Okay, Frau Doktor, wir kennen uns also vom Waschraum-Sex. Als diensteifriger Türsteher hätte ich Cloé und ihren Lover eigentlich rausschmeißen müssen, aber hey, in Wahrheit fanden wir es alle geil, wenn es tolldreiste P-1-Menschen auf den Toiletten trieben. Ficken ist immerhin besser als koksen. Angeschoben hatten die Klo-Nummern immer die Ami-Models aus Kansas oder Milwaukee, so wie Mitch und Dash, die jeden Abend in ihren zerfetzten Hemden auf der – wie wir sie nannten – Big Bar standen und auf dem alten Strohbesen aus der Putzecke Luftgitarre zu »Why did you do it?« von Stretch spielten, während sie mit der Brünetten aus Ramersdorf schon mal das nächste Klo-Date klarmachten.

Oder Joe, das Model aus Sacramento: Der trieb es mit der Luftgitarre damals so weit, dass der abschließende Luftsprung seines E-Gitarren-Solos zu »Eye of the Tiger«

61

von Survivor auf den Steinplatten der P-1-Tanzfläche mit einem Knöchelbruch endete. Wahrscheinlich war er es, den ich zuvor beim Vögeln in der Männerkabine erwischt hatte mit eben jener Notärztin, die mich später im Krankenhaus behandelte.

Der narzisstische Modelkult zog seine weiten Kreise bis in die Terminplaner der Agenten und PR-Manager von Promis und Starlets, die ihre Häschen und Wunderknaben ins P 1 schickten, als wären es Castings und Go-Sees für Talkshow-Moderatoren oder Glücksrad-Hostessen. Cloés Chancen für das WC-Girl des Monats standen sicher nicht schlecht und ihr Talent und ihre Fingerfertigkeit für die fachgerechte medizinische Behandlung meiner Stirnwunde konnte ich ihr nicht absprechen. »Wie ist das denn eigentlich passiert?«, fragte Cloé. »Das willst du doch nicht wirklich wissen«, gab ich ihr mit, als schon der nächste Patient, einer mit gebrochener Nase, in ihr Behandlungszimmer torkelte. 'N Abend Kollege.

DJ Speedy hatte gerade die Maxi-Single »Ma foom bay« von Cultural Vibe aufgelegt und die Tanzmäuse kreischten bei den ersten Beats, die hämmerten und dröhnten, und jeden Muskel im Körper zucken ließen. Speedy leuchtete mit einem kleinen Handscheinwerfer immer von seiner DJ-Kanzel im ersten Stock auf die Tanzfläche und suchte sich mit dem hellen Lichtstrahl eine Auserwählte, um sie dann in seine Kanzel zu holen und sie dem Publikum als DJ-Groupie zu präsentieren. Irgendwie ging es dann los, kein Mensch wusste genau, wo es herkam, aber auf einmal war es da. Man spürte regelrecht, dass etwas nicht in Ordnung war, es lag Unruhe über der Tanzfläche. Zunächst traf es Baron Egon von Brenninger zu Wangenwerder, der an den Treppenstufen des Aufgangs zur DJ-Kanzel stand, und der aus irgendeinem Grund übers Geländer kippte und mit dem Gesicht voraus auf die Wodkaflasche knallte, die sich die Bandmitglieder der Münchner Freiheit zusammengespart hatten. Aber das war – wie sich noch zeigen sollte – erst der Beginn eines Nahkampfs, einer Prügelei, wie Bud Spencer und Terence Hill sie nicht besser hätten inszenieren können.

Anfang der Neunzigerjahre war eine bestimmte Generation aus Erben herangewachsen, und natürlich waren auch Barone und Gräfinnen, Fürsten und Prinzessinnen darunter – wir nannten sie gerne »die Barbours«, weil sie immer diese grünen und blauen Jacken anhatten. Es war eine eingeschworene Gemeinschaft, meist waren es Schüler oder Absolventen exklusiver Internatsschulen. Je adliger sie waren, desto ausgiebiger flippten sie im P 1 aus und wurden zu weiblichen und männlichen Xanthippen. Sie schlugen, sie kratzten und sie küssten sich, dann fraßen sie sich gegenseitig auf.

Ich erinnere mich noch an jenen Abend, an dem ich Kira kennengelernt hatte. Wir sind nach dem P 1 zum See gefahren. Das war so ein Spruch, der kam um fünf Uhr morgens bei Sonnenaufgang immer gut an: »Fahren wir

Munich on the rocks

Kaum zu glauben, dass München seit Mitte der Siebziger- bis in die Achtzigerjahre hinein einmal die Hauptstadt des Rock 'n' Roll war. Rockclubs wie das legendäre Sugar Shack – hier feierten Bands wie Barclay James Harvest oder Blue Öyster Cult nach ihren Auftritten regelmäßig bis spät in die Nacht –, das Crash oder das Romy's Finest konnten sich sogar über volle Tanzflächen unter der Woche freuen. Die Einladungen von Sugar-Besitzer Kurti Müller zu seinen Partys waren handverlesen und jeder wollte hin. Der bizarre Ruf der Sugar-Events lockte unbekannte Rock-Rookies aber auch Superstars wie Freddie Mercury und Brian May von Queen zum gegenseitigen Kennenlernen und Abrocken. Weltklassebands und -sänger wie die Rolling Stones, AC/DC, Deep Purple, David Bowie oder Elton John nahmen in Tonstudios wie dem Musicland oder dem Weryton ihre Platten auf. Und allen Unkenrufen zum Trotz brachte die bayerische Weltstadt sogar mehr oder minder international bekannte Bands wie die United Balls, die Spider Murphy Gang oder die Münchner Freiheit hervor. Der Musikjour-

nalist Arno Frank Eser wusste es: »Ganz
besonders hat der Rock seine Wurzeln mit
Isarwasser genährt.« Heute ist das Sugar Shack
zur Teeniedisco mutiert und die Metalltüren der
Rockclubs Big Apple oder Romy's Finest sind
längst geschlossen. München hat abgerockt.

noch an den See?« Kira war etwas verdutzt, als ich sie
nach Dienstende zu meinem alten R 4 lotste. Wahrscheinlich hatte sie bei mir zumindest einen englischen
Sportwagen oder einen italienischen Spider erwartet. Nachdem ich den Hamburger, der mindestens schon zwei Wochen in seiner Packung dahinvegetierte, vom vorderen
Fußraum auf die Rückbank bugsiert hatte, nahm sie auf
dem Beifahrersitz Platz. Der Modergeruch des vergammelten Cheeseburgers schien sie nicht zu stören. Ich legte
eine selbst gemixte Kassette in den Rekorder und mit Andreas Dorau fuhren wir der aufgehenden Sonne entgegen.
»Stoned faces don't lie«. Wie recht er doch hatte.

Auf der Fahrt erzählte sie mir vom maroden Familien-
schloss am Genfer See und dem Hotel Cala di Volpe auf
Sardinien; dort hätten sie im August immer die Präsiden-
tensuite gebucht. Ich schaute sie von der Seite an. Die
blonden Härchen auf ihrem Unterarm, die im Morgen-
licht golden leuchteten, hatten doch einen ganz eigenen
Sexappeal. Freiin Shakira von der Trinck war ihr vollstän-

diger Name. Er war in ihre Handtasche eingenäht, das konnte ich gut lesen, da sie die Tasche weit geöffnet auf ihrem Schoß platziert hatte. Männer schauen gerne in Frauenhandtaschen, weil sie immer hoffen, etwas übers Sexleben der Damen zu erfahren, wenn sie die Pille, einen Dildo oder Kondome finden. Sie hatte gerade eine dreimonatige Beziehung mit dem Tausendsassa Rodrigo de Viragale hinter sich, einem Urenkel eines französischen Ölmagnaten mit Motoryacht am Cap d'Antibes und mit Luxusschlitten in Monaco. Kennengelernt hatte sie ihn im Les Caves du Roy in Saint Tropez. Er war ein echter Arsch – und wer mit dem Attribut echt apostrophiert wird, der ist es auch wirklich – und machte immer den Dicken im P 1. Als wir ihn eines Tages wegen einer Rauferei rauswarfen und ihn nicht mehr reinließen, holte er gleich eine Hundertschaft der Polizei, weil er behauptete, wir würden ihm sein rosa Poloshirt nicht mehr rausgeben. Dabei musste ich an Carla Huntington aus London denken, die uns angezeigt hatte, als wir ihren Sir James, einen fetten, sabbernden Mops, nicht mit reingelassen hatten, da er meinem Kollegen Jochen auf die Mokassins gekackt hatte. Und niemand scheißt Jochen einfach so auf die Slipper.

Kira zuzuhören und dabei Auto zu fahren, war gar nicht so einfach, denn die klischeebehafteten Phrasen brachten mich nahe an den Rand des Sekundenschlafs, und als wir kurz vor dem Rialto-Bad am Ammersee in die Uferpromenade einbogen, musste ich mich schwer konzentrieren, vor lauter Jet-Set-Stuss nicht gleich ins erste Segelboot an der Herrschinger Marina anstatt auf den kleinen Kiesparkplatz zu steuern. Als wir schließlich stehenblieben, ließ ich sie aussteigen und fuhr davon. Ich sah sie nie wieder.

Nach »Adel-Egons« unsanfter Landung auf der Wodkaflasche hatte DJ Speedy jetzt »Pull up to the Bumper« von Grace Jones aufgelegt und zwar die Acht-Minuten-Version, denn er befürchtete Schlimmstes und war hinter Theos Bar geflitzt, die sich ebenfalls im ersten Stock befand. Obwohl Speedy mindestens respektable hundertzwanzig Kilogramm auf die Waage brachte, war er ein Schisser vor dem Herrn, wenn es Stress gab. Und Stress gab's ab dem Moment, als einer der anwesenden Alt-Punker, ein langhaariger Zottelbär mit schwarz lackierten Fingernägeln und farbigen Kontaktlinsen, mit Benny und Carlos zusammenstieß, wobei deren Drinks zu Bruch gingen. Die beiden betrieben eine Spielhalle in der Bayerstraße und kannten kein Pardon, wenn es drauf ankam. Benny brüllte den Alt-Punker an, er solle ihm die Drinks bezahlen. Als Antwort kam weder Geld für die Getränke noch ein beschwichtigendes »Sorry«, sondern gleich eine hochgezogene Linke, die Bennys Haarbüschel über seinen Koteletten jedoch nur streifte. Benny bäumte sich auf, um seinem Magenschwinger noch mehr Power mitzugeben, dann nutzte er die zusammengekrümmte Schmerzensstellung des Alt-Punks und griff in die zerzauste Mähne, um sein gleichzeitig hochgezogenes Knie in dessen Gesicht zu platzieren. *Yeehaw!* Das Knacken des Jochbeins konnte selbst Kurt hören, der zur Szenerie jetzt in Sekundenschnelle dazustieß und versuchte, die Streithähne auseinanderzubringen. Mitnichten: Jetzt ging der Spaß erst richtig los, und als es Kurt schwante, dass dieser Alt-Punk, der Ozzy-Osbourne-Verschnitt, kein Solo-Gruft-Punkrocker war, sondern zu Deutschlands bekanntester Punkband gehörte und mit Entourage und Roadies mindestens fünfzehn Mitstreiter dabei haben musste, hatte er den Barkeepern der unteren Bars bereits Zeichen gegeben, Biwak, unseren Allround-Commie, zu mir an die Tür zu schicken, um mit der ganzen Verstärkung nach oben zu eilen. Auf der Treppe kam uns der zusammengefaltete Alt-Punk entgegengerollt und kotzte Biwak auf seine offenen Sandaletten. Drei weitere Punkrocker, die das Geschehen von unten mitbekommen hatten, hüpften die Stufen empor und sprangen mit allen vieren voran in das Knäuel der Rowdies. Wer sollte nun eigentlich wen prügeln? Und vor allem: Warum?

In einer solchen Situation, in der sich nun alle Beteiligten befanden, ist es am besten, man haut einfach mal zu und wartet ab, was passiert. Blöd nur, wenn deine Faust jemanden trifft, der entweder zu dir gehört oder Fritz The Fist heißt und niederbayrischer Champion im Halbschwergewicht war. Nun traten die Frontmänner der Punkband auf den Plan. Der blonde Sänger mit den wuscheligen Haaren wich dem Schlag des niederbayrischen Champions gekonnt aus und drehte sich einmal um die eigene Achse. Mit diesem Schwung aus der Drehung heraus katapultierte er seine Faust, die in einem schwarzen alten Lederhandschuh mit abgeschnittenen Fingern steckte, geradewegs mitten in mein Gesicht zwischen die Augen. Dies sorgte dafür, dass all meine Gliedmaßen taub wurden und ich mich in einer Art Ohnmachtsvorstadium auf die obersten Stufen der Treppe setzte. Aufgewacht bin ich in Sharons Armen, die sich diesmal nicht als Stripperin an der Stange, sondern als Krankenschwester auf der Treppe verdingte. Sie hatte mich vor einem Absturz übers Balkongeländer bewahrt, als sie ihre durchtrainierten Arme um meinen Hals legte, sodass ich Angst hatte, sie würde mich aus Freude über meine Rettung glatt erwürgen.

Theo hatte das Szenarium von seiner Bar aus mitbekommen und schnappte sich eine Jeroboam-Flasche Champagner, schwang sie mit beiden Armen über den Kopf, um sie dem ihm am nächsten stehenden Typen, den er als Gegner ausmachen konnte, über den Schädel zu ziehen, als er am Treppenabsatz das Gleichgewicht verlor und rückwärts über die schon immer zu niedrige Holzbalustrade aus dem ersten Stock schnurstracks auf die Tanzfläche im Erdgeschoss flog. Das waren mindestens drei Meter. Theo war Anfang fünfzig und immer noch *very good in shape*. Er trainierte jeden Tag drei Stunden in Ludwigs Sportsclub vor den Monsterspiegeln, trank immer zwei von diesen Energie spendenden Vitamindrinks und ging danach eine halbe Stunde ins Solarium, weil dort die nette Maya am Empfangstresen saß, die er so gern mochte. Er fuhr jeden Abend mit seinem Peugeot-Rennrad ins P 1, das ihm Eddie Merckx als Bezahlung für eine durchzechte Nacht schenkte. Egal, ob Hochsommer war oder minus zehn Grad Kälte herrschten, das Fahrrad war sein Motor und Peugeot sein Antrieb. Es war diese Kombination aus angeborener Behendigkeit und erworbener Fitness, die ihn davor rettete, sich bei diesem Kunstsprung vom P-1-Balkon nicht das Genick zu brechen. Theo rollte sich ab wie ein Kunstturner am Hochbarren beim Abgang und kam auf den Knien sitzend zum Stillstand. Wahrscheinlich wäre es ihm egal gewesen, sich Hände, Hals und Füße zu brechen, Hauptsache die kostbare Schampusflasche überlebte. Immerhin würden ihm im Bruchfall 850 Mark Umsatz flöten gehen. Als er dann die Arme hochreckte und die Flasche über den Kopf hob wie ein jubelnder Olympionike seine Goldmedaille, war das Kreischen der Mädchen noch lauter als bei einem Konzert von Take That und die Jungs klopften ihm anerkennend auf die Schulter, als hätte er den Champagner nur für sie gerettet.

Sollte ich nun so tun, als wäre ich von dem Faustschlag ins Gesicht ohnmächtig geworden, damit ich mich nicht mehr prügeln musste oder sogar von Sharon zu ihr nach Hause gefahren werden würde, um dort vielleicht in den Genuss eines scharfen *private lap dance* zu kommen? Die Vorstellung war einfach zu schön, auf ihrem Esszimmerstuhl zu sitzen, während Sharon ihre Beine um meine Hüfte wickelte und ihren gepiercten Bauchnabel gegen meine Nase drückte. Meine fantastischen Hirngespinste über die strippende Lebensretterin wurden jäh unterbrochen, als Biwak mit einem Baseballschläger in der Hand auf uns zukam: »Now we maken summatime!« Sein Kauderwelsch aus Kreolisch, Französisch und Englisch konnte kaum ein Mensch verstehen, aber wir hatten ihn immer mit Erdbeerlimes geködert, dann funktionierte er wie ein Kohlenschlepper.

Ich wusste, dass irgendwann der Moment kommen würde, an dem Biwak komplett ausrastete. Und dann, das war sonnenklar, waren Hopfen und Malz verloren. Das Weiße in seinen Augen würde hervortreten, sein Adrenalin würde bis in die Fußspitzem schießen und dann würde er loslegen mit einer waghalsigen Mischung aus Capoeira, Street Dance und Thai-Boxen. Das nannte er »Summatime«. Ich hatte höchsten Respekt vor diesem Wort und wollte eigentlich nie erfahren, was dann wirklich passieren würde. Biwak griff sich den Baseballschläger, holte über den Kopf nach hinten aus und knallte ihn genau aufs Schlüsselbein eines Typen, den ich nur als Riesenmonster beschreiben kann. Er war mindestens zwei Meter zehn groß, so breit wie die ganze Treppe, seine an den Seiten kurz geschorenen Haare waren blau gefärbt und er trug die Lederweste einer weltbekannten Rockerband. Wahrscheinlich hatte er in seiner vergilbten Jeansjacke Stahlschutzplatten eingenäht, denn jeder andere Mensch wäre innerhalb von Sekunden mit einer zerschmetterten Schulter zu Boden gegangen. Der Höllensohn aber verzog nicht mal eine Miene. Das sind dann jene Momente, in denen man freundlich grüßen und einfach weitergehen sollte. Das Monster aber musterte Biwak, den kleinen drahtigen Schwarzen mit dem hellblonden Dutt auf dem kahl rasierten Schädel. Sekundenlang standen sie so da und sahen sich in die Augen. Dann zog Biwak den Holzschläger von unten nach oben genau zwischen die Beine des Banditen. Der verdrehte die Augen, hechelte nach Luft, sein Schrei war nicht zu hören, dann sackte er zusammen und setzte seinen Riesenhintern auf eine Treppenstufe. Hier blieb er hocken, stierte apathisch vor sich hin, ließ die Arme hängen und hoffte, dass sich der Schmerz baldmöglichst in andere lebenswichtige Organe verlagern würde. Biwak freute sich wie ein Schneekönig, legte sich jetzt mächtig ins Zeug und sprang mit den Füßen voraus mitten ins Gemetzel, das sich mittlerweile von der Wendeltreppe auf die Tanzfläche verlagert hatte.

Ich war blind, also zumindest konnte ich nichts mehr sehen, weil das Blut aus meiner Stirnwunde, die mir der blonde Punkrocker mit den wuscheligen Haaren verabreicht hatte, über beide Augen lief. Mit der Sehkraft eines Maulwurfs ausgestattet stolperte ich in den schmalen Eingang der Big Bar von Balu. Ich konnte mich gerade noch auf einen leeren Bierträger retten, als Biwak von demselben blonden Wuschelkopf, den ich vorher schon hatte kennenlernen dürfen, quer über den gesamten Bartresen gezogen wurde, sodass alle Gläser und Flaschen zu Boden fielen, und irgendein Amerikaner mit einem ärmellosen Holzhackerhemd und einer ansehnlichen Vokuhila-Frisur versuchte, mit gekonnten Jonglierbewegungen die von der Bar fliegenden Longdrinkgläser zu retten oder vielmehr den restlichen Alkohol, der sich noch darin befand.

Der Moment, in dem alle Beteiligten vor Ehrfurcht und Respekt erstarrten und in ihren Kampfaktionen innehielten, war gekommen, als »Häuptling Thunder« erschien. Der riesenhafte Stadtindianer Mike Thunder hatte in dieser schweren Minute den Bann des Isarflimmerns über das P 1 gelegt und mit seinem kriegsbemalten, nackten Oberkörper und dem Bowiemesser mit der vierzig Zentimeter langen Klinge für derartigen Eindruck gesorgt, dass alle Kämpfer innerhalb von Sekunden zu Totempfählen erstarrten und zu folgsamen Schafen wurden. Selbst die anwesenden Mädchen mutierten zu Squaws und himmelten den Häuptling ehrfürchtig an. Manitu sei Dank war dieser von der letzten Friedenspfeife noch ganz benebelt und konnte allein durch seine Erscheinung den gesamten Stamm der P-1-Indianer unmissverständlich davon überzeugen, das Kriegsbeil an diesem Abend zu begraben. Häuptling Thunder drehte sich zur DJ-Kanzel von Speedy nach oben und hieß ihm, das passende Lied zu spielen: »Brauner Bär und weiße Taube«.

An einem normalen Freitagabend hätten sie den DJ dafür gelyncht, an diesem Abend verehrten sie ihn als erlösenden Medizinmann. Selbst die verfeindeten Krieger wurden zu Stammesbrüdern und als sich um vier Uhr morgens Campino, die Toten Hosen und die Jungs von der Münchner Freiheit mit einer großen Flasche Feuerwasser in den Armen lagen, dankten auch wir dem Großen Manitu, dass er uns an diesem Abend nicht in die ewigen Jagdgründe geschickt hatte.

SECHS

In bester Gesellschaft

Damals, in den frühen Neunzigern, war Münchens Nacht-leben die Höchststrafe, und die Türsteher waren die Voll-zugsbeamten. Es war ein Verfahren, das jede Nacht von Neuem wieder aufgerollt wurde. Wie wird heute das Ur-teil lauten? Wird der Antrag auf Einlass angenommen oder abschlägig beschieden? Rein oder nicht rein? Das war hier die Frage. Oh, natürlich kann ich Menschen ver-stehen, die sich diese Tortur nicht antun wollten. Und erst recht nicht mussten die Münchner Mädchen Shake-speare zitieren, um sich drinnen die Füße wund zu tan-zen oder draußen die High Heels vor der Türe platt zu stehen. Manchmal konnte man die Abgewiesenen schon heulen hören, bevor man um die Ecke zur Tür bog. Sie probierten es nahezu jeden Abend, sie peinigten sich selbst, Folter war nichts dagegen. Alle unterzogen sich der Prozedur dennoch gern, denn alle hatten ein Ziel: Das erlösende Handzeichen an der Tür war doch eigent-lich das Geilste am P 1. Ein gleichsam höheres Wesen hatte mit dem Club einen Garten Eden erschaffen, ein gelobtes Land für Genusssüchtige, hier berauschte man sich an lauter Musik und an schönen Menschen. Leider schickte jenes höhere Wesen den Türsteher gleich mit, denn der *homo monacensis* war noch nicht wirklich reif fürs Paradies. Wer nicht reindurfte, fühlte sich von dieser höheren Macht ungerecht behandelt. Was mag sich diese Macht davon versprechen, so viele Menschen enttäuscht ziehen zu lassen, ihres Rechts zu berauben, die Marktwirtschaft voranzutreiben, am Konsum zu hindern? Wer konnte es wagen, einem den Zutritt zum Glück zu verwehren?

Sie hassten uns. Die meisten Leute hielten mich und meinen Kollegen damals für unterkühlte Wichtigtuer, für machtgierige Kotzbrocken, denen es Spaß bereitete, mit dem Gestus von brachialer Autorität über den Fortgang der Nacht zu richten. Na ja, es hatte schon etwas, jeden Abend über Freud' und Leid zu urteilen. Und besonders mochte ich es damals, wenn uns die süßen Mädchen anhimmelten und uns einfach nur kennenlernen wollten, weil wir die Türsteher waren. Da spielte unsere äußere Erscheinung keine Rolle, ob abgefuckt oder bescheuert, unsere Chancen bei den Girls waren in jedem Fall immer hundertprozentig. Dennoch würde ich lügen, behauptete ich, dass wir es oft genossen hätten, eine Schar von hundert Ausgehhungrigen vor uns stehen zu haben, die darauf wartet, wie wir urteilen werden. Dann waren nämlich zweihundert Augen auf dich gerichtet und manchmal machte ich mir vor lauter Schiss fast in die Hosen. Wenn ich abends um halb elf im Zwei-Quadratmeter-Bad meiner Schwabinger Studentenbude vor dem Spiegel stand, spielte ich immer alle möglichen Situationen, die in der Nacht auf mich zukommen konnten, durch.

Ich übte das Nein-Sagen mindestens genauso oft wie das Begrüßungszeremoniell bekannter Stammgäste. Und dann die Sache mit den Klamotten. Schließlich musst du ja eine gewisse Vorbildfunktion haben, was das Outfit angeht, denn viele Leute urteilen über das Image der Disco bereits anhand des Hosenschnitts der Türsteher. Nicht, dass ich jeden Abend mit Manschettenknöpfen und Button-down-Hemden erschien, nein, auch die Budapester und den Markengürtel ließ ich lieber im Schrank. Mann, ich liebte den ungläubigen Gesichtsausdruck der Anklopfenden, wenn ihre Idealvorstellung von der Schickeria-Hochburg der Nation innerhalb von Sekunden zusammenbrach, weil der Türsteher und somit das Aushängeschild des deutschen Jet-Sets, der Amigo aller Tanzmäuse und der Steigbügelhalter der berühmten Münchneria, ihnen in verwaschenen Jeans, abgetretenen Sneakers und weißem T-Shirt klarmachte, dass die Fünftausend-Mark-Handtasche nicht gleich den erkauften Eintritt ins Lotterleben des Luxus bedeutete.

Doch manchmal kam es auch anders. Doc Emmerich war so ein Fall. Er wusste genau, dass er durch seine Connections zu unserem Besitzer reinkommen würde, wollte mich aber in der Rolle des reumütigen Hundes sehen,

Tempel der Glückseligkeit

Nicht einmal die weltberühmten Scorpions konnten auf dem Höhepunkt ihrer Karriere ihren größten Hit in die Tat umsetzen und an der Tür des P 1 einen »Wind of Change« auslösen. Nach dem »Heute nicht, Jungs« des Türstehers erwiderte einer der langhaarigen Musiker mit den Fransen-Lederjacken: »Wir sind aber die Scorpions.« Die Antwort folgte auf dem Fuß: »Eben drum!« Willkür, Ekstase und Enttäuschung machten das P 1 Mitte der Achtziger schnell über die Grenzen Deutschlands hinaus bekannt, so kamen auch die Promis, Superstars und Rockbands und baten und bangten um Einlass – sie führten sich auf, trieben es toll, stürzten ab. Die internationale Presse liebte das P 1 und machte Jagdszenen, Münchner G'schichten und Skandale öffentlich, dass es einem Baby Schimmerlos angst und bange werden würde. Bizarr, schrecklich und doch schön, wie Maxim Biller in seinem 1991 erschienen Buch *Die Tempojahre* die In-Crowd beschreibt: »Der ›P 1‹-Mensch ist überhaupt ganz prächtig anzuschauen, er ist immer schweiß-überströmt, und wenn er nicht fickt, dann tanzt er!« In einem Artikel übers P 1 in seinem legendären Kultmagazin *Tempo* traf er dann den Nagel auf den Kopf: »München ist die Stadt des P 1, und wenn Ihr sagt, dass Euch das nicht gefällt, dann nur, weil Ihr neidisch seid!«

da klar war, dass er, so wie er aussah, an der Tür keine Chance haben würde. Dr. Walter Emmerich besaß in Bayrischzell eine Fabrik für Spezialdrucksachen, er druckte diese Zuckertütchen für die Firma unseres Besitzers. Er machte für ihn Spezialpreise und deshalb versprach ihm unser Besitzer, dass er, wann immer er wollte, ins P 1 kommen könne. Er fiel unter die Kategorie »Zombies« – so nannten wir die ganz klaren Fälle, die draußen zu bleiben hatten. Für diese Abgemeldeten reichte ein kurzer Blick und es war glasklar, dass da nichts ging, wir schauten sie dann auch gar nicht mehr an und ließen sie vor der Tür vermodern. Jedes Mal musste ich dran denken, was mir unser Besitzer wieder und wieder eintrichterte. »Ihr könnt sie wegschicken und abweisen, ihr könnt sie stehen lassen und rausschmeißen, aber bitte, bitte seid nett und freundlich zu ihnen.« Ich hatte höchsten Respekt davor, dass er solch wegweisende Worte fand, die er uns predigte – bis ich den Film *Roadhouse* sah. Schlimm genug, dass darin Dirty Dancer Patrick Swayze den Cheftürsteher mimte, der seinem abgehalfterten Team in einer runtergekommenen Fernfahrerdisco genau diesen Sinnspruch so lange injizierte, bis seine dämlichen Rausschmeißer ihr Gegenüber erst schön freundlich grüßten, bevor sie ihnen die Fresse polierten. Jetzt trat der nun wirklich peinlichste Fall für den Türsteher ein. Doc Emmerich nahm sein Handy, rief unseren Besitzer an und als dieser dran war, sollte ich mit ihm reden. Das Gespräch dauerte knapp zehn Sekunden, dann durfte er – stolz wie Oscar – an mir vorbei ins P 1 paradieren. Von wegen harte Tür. Da muss man nur der Hoflieferant vom Discokönig sein und schon sind alle guten Vorsätze über eine strenge Tür dahin. Ich darf nun allen Leuten raten, die vor irgendwelchen Clubs schon mal gescheitert sind: Macht ein Geschäft für Zuckertütchen und Cocktailschirmchen auf, verkauft die Dinger superbillig an den Besitzer der Disco eurer Sehnsucht, ruft diesen nachts auf dem Handy an, wenn der Türsteher euch nicht reingelassen hat, und – *it's a kind of magic* – ihr seid drin.

Es blieb mir nichts anderes übrig, als mich in gewisser Art und Weise mit der Hautevolee vertraut zu machen, schließlich sollte ich als zweiundzwanzigjähriger Türsteher die Liste der A- bis C-Promis aus dem Kopf deklinieren können. Nur wusste ich damals nicht unbedingt, wie die Prinzengarde oder der Schlagerklüngel Deutschlands denn nun in natura aussah. Kurt rief mich zweimal die Woche ins Büro und verdonnerte mich dazu, die Yellow Press zu studieren. Zu jenen, über die in diesen Blättern berichtet wurde, gehörten nicht nur die stadtbekannten Feier-Lieschen und Party-Onkel, sondern auch die Stars und Sternchen aus der Musik- und Filmbranche. Manchmal hatten wir gar nicht mitbekommen, wer sich während ein und derselben Nacht alles im P 1 aufhielt. Als Balu mich an einem verregneten Dienstagabend im November an seine Bar holte, weil die blonde Almuth aus Hamburg vor lauter Aufregung fast vom Hocker gefallen wäre, erkannte ich erst, nachdem ich meine Blicke zum zweiten Mal die Runde machen ließ, dass Oskar Lafontaine, Jon Bon Jovi, Leonardo DiCaprio und Tatjana Patitz anwesend waren.

Die beiden Schwabinger Burschen Rob und Fab kamen jeden Abend ins P 1, wegen der Girls und neuer Tanzschritte. Auf den weiß gewienerten Bassboxen, die am Rand der Tanzfläche standen, übten sie jede Nacht Breakdance-Posen und den großen Auftritt vor Publikum.

Immer wieder planten Robert Pilatus und Fabrice Morvan den Sprung von den P-1-Boxen auf die internationale Bühne – so lange, bis sie als Milli Vanilli tatsächlich weltbekannt wurden und 1990 ihren als »Best New Artists« gewonnen Grammy wieder zurückgeben mussten, weil herausgekommen war, dass nicht sie selbst gesungen hatten, sondern der Schlagerguru Frank Farian – »Girl, you know it's true!« Nur »I just call to say I love you« ist noch schlimmer und an erster Stelle der drei *Bad Ass Songs* des P 1 steht »Lady in red« des irischen Weichspülers Chris de Burgh. Dabei musste ich an Elke Nagast und ihren roten Langarm-Nicki denken, mit der ich im Ebersberger Showboat meine erste Zigarette geraucht hatte, eine Menthol-Zigarette, da wir dachten, das sei gesund, weil Elke erkältet war. Wir tranken Sex on the Beach und Black Russian. Gesund wurde Elke dadurch nicht.

Das Geheimnis des P 1 war, dass man Sex hatte. Keinen praktizierten (aber den gab es im P 1 auch), sondern eher so etwas wie ätherischen Sex – dem niemand entkam. Das lag daran, dass der Club dermaßen klein war, dass sich alle dicht aneinanderdrängen mussten, sobald mehr als hundertfünfzig Menschen im Raum waren. Jeder rieb sich an jedem, Klimaanlage gab es keine, der Schweiß war das verbindende Lebenselixier, es war schmutzig – so kamen sich alle sehr, sehr nahe und viele hatten ihre besten Höhepunkte nicht in den heimischen Betten, sondern auf dem Dancefloor vom P 1. Der harte Kern kam nie vor halb zwei, dann lief der Wodka aus vollen Rohren. Die schwitzenden Körper rieben sich, bedrängten sich. Es war grandios. Alle mussten dabei sein, wenn die Tanzflächenorgie wieder von Neuem losging. Alle gingen immer wieder hin, weil sie wussten, dass etwas passieren würde. Irgendwas. Es war eine Sucht, der du nicht entrinnen konntest. Der innere Drang, dabei zu sein, oder die Befürchtung, etwas zu verpassen, war einfach zu groß, sodass einem kein Rehab-Center mehr hätte helfen können. Zehnmal ist man hingegangen, neunmal war es ein cooler Abend und einmal war es die beste Nacht des

Lebens. Aber nur wer in den Club reinkam, wer dabei war, konnte mitreden. Und zu tuscheln gab es wahrlich genug: Es ging um wilde Partys, Skandale, Sex und Drogen.

Es gab echte High-Roller, die hatten ihr ganz eigenes Rezept für den ultimativen P-1-Kick. Rebecca war immer vorne dabei, sie schmiss sich zwei Codein-Tabletten ein, genehmigte sich drei Tequila Turbo bei Jonas an der Bar, dann abtanzen, ausrasten, zwei Stunden pennen in der Charleston-Ente auf dem Parkplatz und mit verschmierter Wimperntusche und zerknautschter Backe wieder rein. Beim Heimfahren fuhr sie mit 20 Sachen zehnmal um den Kreisverkehr am Gärtnerplatz, bis sie sich traute, in die richtige Straße abzubiegen.

Es kam fast immer zum Äußersten. Zum heiligen Gral der musikalischen Ergüsse. Dargeboten vom Prediger auf seiner Kanzel. Jeden Abend erschien uns der Messias und er kriegte sie alle mit seinem heiligen Bum-Bum. Dieser Rhythmus befreite den Körper aus dem Gefängnis des schrecklich schnöden Alltags. Der DJ war der Dealer, der uns den besten Stoff besorgte – auch wenn ich mir den dicken Speedy nicht wirklich als Drogenbaron vorstellen konnte. *Music is our drug.* Der Beat machte die Girls willig und die Boys mussten nur noch zugreifen. Sodom und Gomorrha war nix dagegen.

In den frühen Achtzigern kamen mit Punk und Disco zwei Popkulturen gleichzeitig auf. Bei genauerem Hinsehen hatten sie sogar etwas gemeinsam: die Ablehnung des maroden Alltagstrotts. Die Musik war dabei ihr gemeinsamer Nenner und manchmal wussten sie gar nicht, dass sie zusammen auf den beiden Plattentellern des Discjockeys lagen – heraus kam die Pop-Avantgarde, die Freaks und Fans die modische Freiheit erlaubte, mal mit Irokesenschnitt, Bomberjacke und Schottenkilt, mal mit Gelfrisur, weißem Glitzeranzug und Blue Suede Shoes aufs Parkett zu treten. Schwarze Funkmusiker wie Chic oder The Gap Band wurden zu Idolen der Discogeneration, Ian Dury & the Blockheads, Blondie oder Human League machten Punk und New Wave pop- und gesellschaftsfähig. Jeden Morgen, wenn Speedy den letzten Song gespielt hatte, grölten und klatschten sie so lange, bis der korpulente Speedy noch mal ächzend auf seine Kanzel kletterte und den Unersättlichen auf der Tanzfläche seine Zugabe zum Fraß vorwarf. Es roch nach kaltem Rauch und dem Schweiß von Cold-Sweat-Armin, der immer noch unter der Treppe kauerte und auf seiner Conga die Rhythmuslinie eines Songs weiter vor sich hin trommelte, der schon seit über zehn Minuten nicht mehr lief.

Wenn das Putzlicht anging, wateten wir knöcheltief durch Zigarettenasche, Wodka, Glassplitter, leere kleine Plastiktüten und zerrissene Slips. Einmal hatte Biwak sogar ein Gebiss gefunden, natürlich mit goldenen Schneidezähnen, und einmal brauchten wir eine glatte Stunde, um den Spülkasten im Frauenklo von Handschellen und darin versenkten Dildos zu befreien. Warum wunderte es mich eigentlich nicht, als mich am nächsten Abend zwei nette Mädels, eine Querflötistin und eine Cellistin eines in der Münchner Oper gastierenden russischen Prachtorchesters, beide etwa Ende zwanzig, zwanglos fragten, ob wir ein paar persönliche Dinge von ihnen auf unserer Damentoilette gefunden hätten?

Früher waren die Einstellungskriterien für Türsteher einfach: Kampfsporterprobt und fitnessgestärkt mussten sie sein. Ich hatte mich zwar schon mal mit achtzehn auf der Insel Rab mit ein paar Einheimischen um ein Mädchen geprügelt und auch ich war schon mal im Fitnessstudio gewesen, wo ich mit großen Augen gedopten Hinterwäldlern zusah, wie sie ihren Bizeps mit schweren Bleigewichten darauf vorbereiteten, nächsten Sommer den Titel des Mister Niederbayern zu holen, doch weder das eine noch das andere war wirklich mein Ding. Ich wusste auch nicht mehr, was mich damals geritten hatte, als ich Kurt zusagte, den Job als Türsteher im P 1 anzunehmen. Geschweige denn, dass ich mir darüber Gedanken gemacht hätte, meine körperliche Fitness so auf Vordermann zu bringen, dass ich mich wenigstens selber verteidigen hätte können. Ich vertraute dabei meistens auf mein loses Mundwerk und meine Körpergröße von einseinundneunzig. Das reichte aber leider nicht immer. Jeden Abend, bevor ich ins P 1 zum Dienstantritt fuhr, war ich in meiner Bude und versuchte mir auszumalen, was an dem Tag passieren konnte. Oft saß ich noch bis halb elf vorm Fernseher und sah mir drittklassige Actionstreifen mit Michael Dudikoff an, in denen es immer so schöne Kloppereien gab. Nicht dass ich mir hier abgucken wollte, wie meine rechte Faust genau auf der Nase meines Gegners landen sollte, nein, es waren vielmehr die grottenschlechten Dialoge und Sprüche, die ich mir merken wollte, um sie nachher an der Tür bei den richtigen Leute anzubringen. Jeden Abend fing ich schon zu schwitzen an, bevor ich in meinen R 4 stieg. Es war ein komisches Gefühl, irgendwas zwischen Schiss und Aufregung. Zu Hause freute ich mich noch riesig auf den Abend und im P 1 wollte ich gleich wieder heimfahren, weil meine Schweißflecke bereits durch schwarze Hemden und T-Shirts zu sehen waren, bevor es überhaupt losging. Ich hatte mir sogar mal überlegt, ob ich irgendwelche Waffen mitnehmen sollte, einen Schlagring zum Beispiel oder einen Baseballschläger. Letztendlich bekam ich Jochen.

Mein neuer Kollege war ein ehemaliger Fernmeldetechniker aus Bochum und wollte in München Männermodel werden, weil er gehört hatte, dass hier die besten Agenturen seien. Er sah wirklich gut aus und hätte es als Model sicher auch weit gebracht, zumal er dem Klischee des gebräunten, blonden Endzwanzigers entsprach – ein Bild von einem Mann, wie Mütter es sich gerne von ihrem künftigen Schwiegersohn ausmalen.

Seine Klamotten kaufte er im Supermarkt, die T-Shirts vom Wühltisch, die Hosen als Zugabe zum Sechserpack Kirschjoghurt. Zu den weiten Latzhosen aus Denim trug er Slipper oder Mokassins ohne Socken. Er mochte einfach keine Socken, auch nicht im Winter, dann trug er Moonboots. Jochen war das, was man pflegeleicht nannte. Da er – natürlich – keine Bude in München hatte, war er vorübergehend zu mir in mein Ein-Zimmer-Apartment gezogen, er schlief auf meiner alten Couch und ich auf einer Neunzig-Zentimeter-Matratze auf dem Veloursteppich. Er zog sich zurück, wenn ich mal meine Ruhe haben wollte, obwohl es gar keinen Platz zum Zurückziehen gab. Dann verschwand er für ein paar Stunden im Bad. Keine Ahnung, was er da drin gemacht hat. Er stellte den Wecker für mich, kaufte mir Marmelade fürs Frühstück und erledigte den Abwasch. Nichts gegen Freunde, die alles für einen tun, aber als er meine Cannabis-Pflanzen als Unkraut aus meinen Blumenkästen am Fenster gejätet hatte, war meine Geduld mit seiner Fürsorglichkeit am Ende. Ich schickte ihn los, ein Mädchen kennenzulernen, nein, eine echte Frau! Weit kam er nicht, denn die Kneipe in der Nachbarschaft, ein heruntergekommener Billardsalon, sollte sein erstes Jagdrevier sein. Der Laden war bekannt dafür, dass sich hier Spielhallenjunkies und Damen und Herren aus dem Rotlichtmilieu herumtrieben. Das Helle kostete zwei Mark zwanzig und die meisten Gäste hatten schon mehrere intus. Jochen bestellte sich einen Schnaps, ging zur Musikbox, warf fünfzig Pfennig ein und drückte die Knöpfe für ein Lied, das nicht besser hätte zu ihm passen können: »Der Junge auf dem weißen Pferd«.

»Du hast es ertragen, Hilde,
hast geputzt und gekocht,
du hast mich nicht einmal geschlagen,
wenn ich nach 'ner anderen roch,
du hast die Beine breitgemacht,
wenn mir danach war, Hilde,
eins ist dir ja wohl klar …

Der Junge auf dem weißen Pferd,
der kommt nicht mehr,
Frauen werden nicht entführt,
da müsstest du schon selber gehen …«

Lieber Marius Müller-Westernhagen, es war nicht Hilde,
sondern Rosi, die auf Jochen aufmerksam wurde, was
ihrem Begleiter sichtlich missfiel, einem stämmigen, aber
kleinen Typen mit schulterlangen Haaren – sein beleibter Körper steckte in einem bodenlangen, schwarz-weißen
Fellmantel. Im Salon nannten sie ihn »Chirurg«. Vielleicht war er auch Münchens einziger Zuhälter mit OP-
Erfahrung. Er hatte seine Assistentinnen um sich geschart
und wurde fuchsteufelswild, als Rosi die Visite verließ und
auf Jochen zuging. Sie machte ihm schöne Augen und
ließ ihre Brüste sprechen. Die beiden Dinger hüpften fast
aus ihrem weißen Top, als sie ihre Arme hochreckte und
Jochen kleine Haarbüschel unter ihren Achseln entdeckte.
Das machte ihn tierisch an. Rosi hatte einen schwarzen
Knautschleder-Minirock an, knallrote Siebenmeilenstie-

fel und Strapse mit Playboy-Häschen drauf. Genau sein Typ. Ihm war es scheißegal, ob sie Zimmermädchen im Grandhotel oder Campingwagenverkäuferin auf dem Land war, ob sie im Nagelstudio Hände und Füße bearbeitete oder an der Ausfallstraße auf Freier wartete.

Vier Monate später wurde geheiratet. Es war die skurrilste Hochzeitsfeier, auf der ich jemals war. Jochen hatte sich dafür im Baumarkt in der Klamottenabteilung einen Anzug gekauft, blaue Hose, aschgraue Jacke und lila Weste. Dazu trug er eine pinkfarbene Fliege. Er sah ein wenig aus wie der Koberer eines Amüsierlokals auf der Reeperbahn. Nach dem Standesamt trafen wir uns in einer Kneipe in Sendling, deren Namen ich gleich wieder vergessen hatte. Der abgedunkelte Nebenraum war mit verblichenen Biergartengarnituren ausgestattet und mit einzelnen Luftschlangen geschmückt; irgendwo hingen ein paar hellblaue Luftballons, denn Hellblau war Rosis Lieblingsfarbe.

An der hinteren Wand des Nebenraums hatte sich der in gewissen Kreisen sehr beliebte Wedding-Singer Wim Wunderlich mit seiner glucksenden Hammondorgel aufgebaut. Früher war Wim auf Schützenfesten als Preisboxer unterwegs und hatte sich so bei den ansässigen Luden ehrlichen Respekt erarbeitet. Später trat er als Organist den Jetsetters bei, der Lieblingstanzband vom Berliner Hans. Als die Hochzeitsgesellschaft den Raum betrat, spielte er »Sag nur einfach Je t'aime« von G. G. Anderson. Schrecklich.

Jochens Eltern saßen neben ihrem Sohn, gegenüber von Maike, Speedy und mir. Sonst war vom P 1 keiner gekommen. Gegenüber Rosis Mutter hatten Bonzen-Bernd und Messer-Charly Platz genommen; beide hatten ihre besten Pferdchen dabei und vertilgten schmatzend ihre Portionen der Hauptspeise vom Buffet, Wiener Würstl mit Kartoffelsalat. Jochen wusste nicht wirklich, wie er sich in dieser ehrenwerten Gesellschaft verhalten sollte. Schließlich hatte er insgeheim bereits vor, neben seinem Tür-Job im P 1 auch als »Jochen, der Jäger« im Münchner Milieu anzuheuern. Das Gestüt der Brautjungfern lieferte ein Schauspiel ohnegleichen. Wie bei *Germany's Next Topmodel* liefen die Kandidatinnen den langen Gang zwischen den Biergartengarnituren auf und ab und zeigten ihre neuen Kleider: geschlitzte Lederröcke, Piercings, Tattoos und Pumps, wie wir sie noch nie gesehen hatten. Zum Schluss der Show erschien kein Modemacher aus dem Vorhang, sondern der Berliner Hans mit seiner Mama mit den blau getönten Haaren. Die beiden kontrollierten den gesamten Münchner Westen und kassierten alle Mädchen ab, die dort aufliefen. Die Polizei hätte ihre helle Freude gehabt, die schweren Jungs und leichten Mädchen alle zusammen und auf einem Fleck anzutreffen.

Als die Entführung der Braut anstand, wäre ich an Jochens Stelle doch leicht beunruhigt gewesen. War in einer Hochzeitsgesellschaft wie dieser der Brauch der Brautentführung überhaupt als harmlos anzusehen? Wird die Braut innerhalb des Sperrbezirks festgehalten? In einem anständigen Wirtshaus oder etwa in einem Hotel d'amour? In welcher Form und in welcher Höhe wird das Lösegeld fällig?

Wir hatten keine rechte Lust, am frühen Abend alle Freudenhäuser Münchens abzusuchen, und da Jochen in dieser Gesellschaft nicht wirklich einen Freund hatte, mit dem er auf Entführerjagd hätte gehen können, nahmen ihn Oleg und Boleg, das ukrainische Zwei-Mann-Inkassobüro des Berliner Hans und seiner Mama, in die Mitte. Sie setzten Jochen zwischen sich auf die durchgezogene Vorderbank ihres US-Pick-ups und rasten los, die verlorene Braut wieder einzufangen. Jochen müsste sich überhaupt keine Sorgen machen, sie hätten, sagten Oleg und Boleg, bisher jeden gefunden, egal wo er sich versteckt hatte. Schon nach der ersten Kurvendrift mit dem 360-PS-Boliden, bei dem Jochen mit dem Gesicht voraus auf Olegs Schoß landete, glaubte er ihnen. Die beiden Ukrainer hatten einfach so was Überzeugendes. Als nun Jochen die Hochzeitsrunde verlassen hatte, machten wir uns auf Französisch aus dem Staub.

An den nächsten Abenden hatte ich ein mulmiges Gefühl im Bauch. Jetzt, wo ich doch Schulter an Schulter mit Münchens Rotlicht-Paten gefeiert hatte, war es eigentlich nur eine Frage der Zeit, bis Messer-Charly und die anderen auftauchten und das P 1 zu ihrer »Boazn« machten. Ich hatte mich schon gefragt, wie unser weiß getünchter Laden wohl im schummrigen Rotlicht mit Oben-ohne-Bedienungen rüberkommen würde oder als Disco mit Oleg und Boleg an der Kasse.

Da war mir dann doch die Schickeria mit ihren Adelssprossen und den Von-und-Zus lieber. Von denen gab es bei uns genug und sie hatten immer viel Spaß im P 1, genauso wie die Schumann's-Gänger und die *Tempo*-Leser, die Punks und Discofreaks, die Dorfjugend und die Bürgermeister, die Kellner vom Griechen und die Ami-Models aus Miami. Und zwischendrin: die hübschesten Mädchen der Stadt. Deshalb hatten wir auch fast nur Jungs an der Bar. Denn wenn du gute Barkeeper hast, kommen die Girls, und wenn die Hasen da sind, kommen die Typen mit der Kohle. Dann hatten wir den »gemischten Salat«. Mit dieser Metapher haben wir immer auf die Frage geantwortet, nach welchen Kriterien wir die Tür machen würden: Auf die Mischung kam es an.

Kurt hatte mir gesagt, ich sollte von jeder »Salatsorte« am Abend immer zehn Leute reinlassen, was mir jedoch nicht immer wirklich gelingen wollte. Der Schreiner Michi war wohl so einer, der zählte für sich allein als Zehner-Gruppe. Seine verfilzten Haare gingen ihm bis zur Schulter und sein buschiger Bart bis weit unter den Kehlkopf. Seine Hände unterschieden sich kaum von einer ausgewachsenen Bärentatze, nur waren seine Fingernägel nicht so lang und Michi hatte wahrscheinlich mehr Hornhaut an den Fingerkuppen als jeder

Grizzlybär in Nordalaska. Ich hatte vom Händeschütteln mit ihm bereits diverse Quetschungen an Mittel- und Zeigefinger davongetragen, was mich unverzüglich veranlasste, beim Arbeiten ab sofort Handschuhe zu tragen. Vor allem an heißen Abenden im Sommer war das *très chic*. An der Bar stellten sie ihm, wenn er kam, einen Kasten Bier auf den Tresen; die 24 Flaschen hielten gerade mal für eine Stunde. Wenn wir morgens um halb sechs das Licht anknipsten, fanden wir Michi oft schnarchend unter dem Treppenabsatz, dann bemalten wir sein Gesicht mit einem Filzstift und fotografierten ihn so.

Meine Lieblingsgäste aber waren die Schumann's-Leute. Diese »echten« Münchner fanden sich abends in einer dunklen, holzverkleideten Bar an der Maximilianstraße ein. Dort saßen sie und aßen Schnittlauchbrot und Bratkartoffeln, die Chef Charles für sie zubereitet hatte. Ja, das Schumann's. Manche liebten es und manche liebten es noch mehr. Die Kellner – in Traumschiff-Uniformen – waren die Popstars der Münchner Barkultur, unnahbar, und sie durften schlecht drauf sein, wann immer sie wollten. Einen Tisch zu bekommen, war vergleichbar mit einem Lottogewinn, das höchste Glücksgefühl für alle Zugereisten. Und fragte man frecherweise nach einem solchen, konnte man froh sein, wenn man dableiben durfte. Die Stammgäste aber kannten die Kellner beim Vornamen, sahen gut aus und tranken den besten Whiskey Sour der Stadt. Gegen halb zwei verließen sie das Schu-

mann's und kamen die fünfhundert Meter rüber ins P 1.
Der Autor Moritz von Uslar gehörte dazu und der Schrift-
steller Rainald Goetz oder der Musiker Andreas Dorau.

Apropos Andreas Dorau: Anfang 1983 hatte ich mich
entschieden, DJ werden zu wollen – bestärkt durch einen
Besuch im Zoozie'z. »Fred vom Jupiter« von Andreas Dorau
lief gerade. Aber der Weg zum DJ führte im Zoozie'z erst
einmal an die Spüle zum Gläserwaschen. Eigentlich, so
jedenfalls mein Plan, wollte ich dort eher als Plattenauf-
leger Eindruck schinden, vor allem bei den hübschen
Barfrauen Vroni und Stella. »Vierzehn Gläser«, hatte Vroni
gesagt, »vierzehn Gläser musst du zwischen zwei Platten
schaffen. Das kriegst du hin. Dann gehe ich mit dir«, versprach sie, »in den Getränkekeller.« Bitte fünf Sekunden
Bedenkzeit.

Sicher würde ich mich auch noch nach zwanzig Jahren
daran erinnern, wie mir das blonde Vollweib Vroni das
Bierlager schmackhaft gemacht hatte. Und sicher würde
ich glücklich und erleichtert wieder zurückkommen, um
mich über die nächsten vierzehn Gläser herzumachen.
Das Teufelchen links auf meiner Schulter votierte klar für
die Keller-Nummer mit der Vroni, das Teufelchen rechts
aber wollte mich als Discjockey sehen und lieber »9 to 5«
von der prallbusigen Dolly Parton hören. Und tatsächlich bestand im Zoozie'z zunehmend Bedarf an meinem
DJ-Set; in gewisser Weise war dies dann der sexuelle
Höhepunkt meiner Kneipenkarriere. Mit dem Zoozie'z
hatte ich nun endlich auch den Grund gefunden, warum

das Studium des Wirtschaftsingenieurwesens an der Münchner FH damals für mich an Attraktivität verloren hatte. Im Rückblick wurde mir klar, dass ich das Studium deswegen niemals hätte schmeißen dürfen. Schuld daran war auch der magische Moment fröhlicher Geselligkeit, wenn die Gäste anfingen, zum Nippen zu wippen, und ich dabei feststellen konnte, dass meine aufgelegten Platten und meine wochenlang mit viel Mühe und Muße zusammengestellte Titelauswahl mit dem unterirdischen Mainstream-Geschmack von Althippies und Barhockern nahezu übereinstimmte. Dabei war ich sehr stolz, der dankbaren Fangemeinde am Bartresen nicht gerade die Faschingsbrüller hinschmettern zu müssen – ich suchte sogar Songs aus, von denen ich glaubte, sie gehörten zum Reigen intellektueller und postmoderner Rockmusik. Ich gebe zu: Ich bin ein Stones-Fan. Deshalb legte ich auch »Too much blood« aus dem legendären 1983er-Album *Undercover* auf und glaubte, dass keiner in der Lage wäre mitzusingen, weil es darin einen sensationell komplizierten Rap-Part von Mick gibt, der eine unfassbare Gräueltat dermaßen entspannt rüberbringt, sodass sicher kein Zoozie'z-Gast je verstanden hätte, um was es dabei eigentlich ging:

»A friend of mine was this Japanese.
He has a girlfriend in Paris.
He tried to date her in six months and eventually she
said yes.

You know, he took her to his apartment, cut off her head,
put the rest of her body in the refrigerator, ate her piece
  by piece.
Put her in the refrigerator, put her in the freezer, and
  when he ate her,
and took her bones to the Bois de Boulogne, by chance,
  a taxi driver
noticed him burying the bones. You don't believe me?
Truth is stranger than fiction. We drive through there
  every day.
I can feel it everywhere, feel it up above, feel the tension
  in the air,
There is too much blood, too much blood, too much,
  yeah, too much blood!«

»Truth is stranger than fiction.« Die Realität ist absonder-
licher als die Fiktion – wie wahr. Und es gab tatsächlich
Gäste im Zoozie'z, die den Text mitsingen konnten. Als
DJ hätte ich nicht wirklich aussichtsreiche Chancen gehabt, mehr als zehn gute Tracks hintereinander aufzule-
gen, ohne dass sich ein Groupie »La dolce Vita« von Ryan
Paris gewünscht hätte. Ich war heilfroh, letztendlich nicht
als Gläser spülender DJ im Zoozie'z versauern zu müssen, sondern als Nachtleben-Rookie gleich an der P-1-
Tür gelandet zu sein.
  Eines Abends waren im P 1 alle in heller Aufregung,
weil die Stones kommen sollten. Es wurden Tische ge-
rückt und Plätze an der Bar freigemacht. Ein Riesen-

Bohei. Dabei hatte keiner gemerkt, dass Mick Jagger bereits seit einer Stunde zum Sound von DJ Speedy auf der P-1-Tanzfläche abrockte, um ein paar Minuten später die Pfarrerstochter Bettina aus Gröbenzell anzutanzen. Als Charlie Watts und Ron Wood schließlich ankamen, hatte der Ober-Stone das angebetete Mädel schon längst bekehrt und war mit ihr durch den Hinterausgang entschwunden. Dabei wären sie beinahe über Keith Richards gestolpert, der an der Wandverkleidung neben der Tanzfläche lehnte und schon seit ein paar Minuten im Stehen vor sich hin döste. Direkt neben dem Schreiner Michi.

It's Disco Music: The Munich Sound

Nachdem Rock ausgedient hatte, wurde in München der Disco Sound geboren. Wer an diese legendäre Musik denkt, assoziiert sie eher mit den DJs im Studio 54 in NYC als mit einem musikliebenden Südtiroler namens Hansjörg Moroder, übrigens ein Neffe Luis Trenkers. Statt Bergsteigen aber wollte Giorgio Moroder – so nannte er sich später – lieber Gitarre spielen und Musik produzieren. 1973 gründete er in München mit dem Musicland sein eigenes Tonstudio und machte dort eine Schönheit namens LaDonna Andrea Gaines, die es als Leadsängerin auf der Europatournee des Hippie-Musicals *Hair* nach München verschlagen hatte, über Nacht zum neuen Star am Musikhimmel. »Love to love you Baby« von Donna Summer wurde als 17-minütiges Disco-Opus zuerst in den USA und dann im Rest der Welt ein Riesenhit. Das war der Startschuss für die Disco-Ära: Alle wollten den Munich-Sound und München war eine Zeit lang Welthauptstadt der Discomusik. Die großen Stars der Popgeschichte kamen, sangen und tanzten. Wenn im P 1 ein junger Mann auf der Tanzfläche ausflippte und man dachte: »Der sieht ja aus wie Mick Jagger.« Dann war es Mick Jagger. Munich Disco war bis Anfang der Achtzigerjahre ein echtes Trademark, ein Markenname. Moroder, Donna Summer, die Silver Convention (»Fly Robin Fly«) und Harold Faltermeyer (»Axel F.«) legten hier den Grundstein für ihre Weltkarrieren mit mehr als 500 Millionen verkauften Platten.

SIEBEN

»Dress spectacular«

Schauplatz: Vorgarten. Zeitpunkt: Dienstagfrüh. Großaufnahme: Briefkasten.

Das Reihenmittelhaus des alternden Soapdarstellers – er spielte in der TV-Serie *Heidekraut*, dann in etlichen Folgen von *Grüne Wiesen, hohe Berge*, dann war er pleite – sah in der gerade aufgegangenen Sonne aus wie ein aufgeklapptes Puppenhaus. Am Gartentor war die Hölle los.

Der dickliche Beamte in weißem Ganzkörper-Overall und hellblauen Plastikhandschuhen hantierte an dem schon derangierten Briefkasten so lange herum, bis er an der linken oberen Ecke aus seiner Wandhalterung brach. Die anderen Ermittler der Spurensicherung standen alle herum und bemühten sich redlich, nicht grinsen zu müssen. Mit versiertem Handgriff holte er das feuchte Kuvert mit einer Klammerzange aus dem Postkasten. Dem beigen Umschlag war anzusehen, dass sein Inhalt dem Empfänger in der Regel nicht per Briefpost zugestellt wurde. Das Papier des Kuverts war aufgeweicht und man konnte am unteren Rand Fettspuren erkennen – einfach eklig. Die Kripobeamten hielten sich die Nase zu, es roch nach verwestem Fleisch und Moder, dann öffneten sie den Klebestreifen mit einer Pinzette und förderten eine etwa postkartengroße, durchsichtige Plastiktüte zutage. Die Haushälterin nahm die Hände vor die Augen. Sie hatte die Münchner Kripo erstens gerufen, weil Michi M., der alerte Fernsehschauspieler, nie länger als zwölf Stunden außer Haus war, ohne dass sie wusste, wo er sich aufhielt, und weil sie zweitens einen schlimmen Verdacht hegte, was da im Briefkasten des Herrn M. seit drei Tagen vor sich hingammelte.

Verdammt noch mal, woher wusste das Fernsehen schon wieder von dieser Sache mit Michi M.? Nahaufnahme: Die Kamera zoomte auf die Plastiktüte, doch die Beamten schirmten das »Beweisstück« vor dem Kameraobjektiv ab. Schnitt. Der Bericht kam in der *Abendschau* als zweite News des Tages. Die Haushälterin bemühte sich sichtlich, die Fragen des Interviewers so korrekt wie möglich zu beantworten: Seit einem Tag und einer Nacht sei M. verschwunden, dreimal habe jemand angerufen und wieder aufgelegt, ohne etwas zu sagen, aus dem Briefkasten sei ein bestialischer Gestank gekommen, und als sie das Kuvert in die Hand genommen habe, habe es sich angefühlt, als befände sich ein knochiger Finger darin. Außerdem habe sie es ja nur gut gemeint, denn immer wieder höre man ja davon, dass Kidnapper zum Beweis ihrer Tat und zur Bekräftigung ihrer Lösegeldforderung abgeschnittene Körperteile an die Angehörigen schickten.

Klare Sache, wie es schien: Wenn man sich alles zusammenreimte, sah es ganz übel aus für den lieben M. Auflösung: Die Reporter und die Ermittler der »Task Force Briefumschlag« wären besser beraten gewesen, gleich auf den Absender des Kuverts zu schauen – P 1, Prinzregentenstraße – und gleich die Einladung in Augenschein zu nehmen, die an der Plastiktüte mit dem Knochen hing: Eine Einladung zum P-1-Sommerfest unter dem Steinzeit-Motto »Die Flintstones«. Die Frage, ob das Beweisstück tatsächlich mit einer Entführung in Zusammenhang gebracht werden könne, hätte sich wohl von selbst beantwortet.

Ach, genau: Der Verursacher der ganzen Aufregung war schnell in der Person des Metzger Manni gefunden. So brillant die Idee des P 1 war, so unglücklich geriet die Ausführung in diesem Einzelfall: Die Idee war, als Einladung zur Fred-Feuerstein-Party Knochen zu verschicken, nur hatte Mannis Lehrling Peterl den Kalbsknochen für Michi M. nicht sorgfältig genug von Fleischresten befreit. Zu Peterls Entschuldigung kann angeführt werden, dass niemand einen dreitägigen Poststreik und 35 Grad Hitze auf der Liste hatte. Die Steinzeitparty selbst allerdings fiel buchstäblich der Natur zum Opfer: Wegen strömenden Regens kamen gerade mal zweihundert Knochenjäger. Das Gute daran: ein TV-Bericht und drei Tage Schlagzeilen in den Münchner Boulevardblättern – bessere Werbung fürs P 1 gab's nicht. Und Michi M.? Der kam nach einer zweitägigen Sauftour wieder nach Hause und hatte alle Finger noch dran.

Kurt hatte uns immer eingebläut, dass die P-1-Partys etwas ganz Besonderes sein müssten. Wir suchten Themen aus, die wir gut umsetzen konnten. Dann fuhren wir in die Bavaria-Filmstudios zur Film- und Theaterausstattung (FTA) und sammelten Kostüme, Dekoration und den ganzen Krimskrams ein, den wir für die Party brauchten. Balu wurde als Fahrer für den Transporter nie wieder eingeteilt, nachdem er die Laderampe an der Lieferzone in der Bavaria Filmstadt geschrottet hatte. Und als wir nach der Party das Zeug wieder zurückbrachten, haben wir dem Lagerboss eine Flasche Kognak und eine Havanna geschenkt, sonst hätten wir eine fette Rechnung bekommen, da das weinrote Samt-Innenfutter aus dem Draculasarg nach der Vampirparty leider komplett dran glauben musste.

Andere Party: Den durchtrainierten Studenten hatte ich beim Unifest in der Mensa angequatscht. Erst zierte er sich tierisch, dann sagte er doch zu, als er hörte, dass es zweihundert Cash dafür geben würde. Zur verabredeten Zeit sollte er am Partytag zum P 1 kommen. Dann hängten wir ihn auf. Na ja, wir verpassten ihm nicht wirklich Stigmata an Händen und Füßen, wir banden ein dickes Hanfseil um seine Fesseln und Handgelenke, die anderen Seilenden befestigten wir jeweils an den äußeren Ecken eines Holzkreuzes, das bestimmt drei Meter hoch war. Dann richteten wir ihn mit dem Kreuz auf und ließen ihn so acht Stunden während der gesamten Party stehen.

Unser Besitzer sagte immer, gute Partys wären die beste Promotion für uns. Mit einer weißen Toga umhüllt und einem Lorbeerkranz auf dem Kopf lagen die Gäste auf den ausladenden Römerliegen, die wir aus alten Obstkisten zusammengezimmert und an die wir leuchtend roten Molton drangetackert hatten. Hier labten sie sich an Wodka mit Traubensaft und an Käseigeln. Die süßen Schwabinger Studentinnen boten sich an, als laszive Römerinnen mit Kleidchen aus Nichts so auszusehen wie die Erotikdarstellerinnen im Filmstreifen *Caligula*, den wir mit einem Super-8-Projektor an die Wand vom Haus der Kunst warfen. Dessen Regisseur Tinto Brass hätte seine Mädchen auch nicht besser in Szene setzen können. Bei den Hardcore-Takes allerdings wussten sie nicht wirklich genau, wie weit sie für ein Paparazzo-Foto der anwesenden Reporter gehen sollten. Auch der Nippel-Blitzer von Softpornoaktrice Rosalinde Decker im weißen Laken-Negligee half nichts: Seite-eins-Aufmacher und Titelstory waren nicht die Erotikdarbietungen, sondern die »Kreuzigung« unseres Studenten, das Sommerloch in der Tagespresse musste ja gestopft werden. Zwei Tage nach der Römerparty trat schließlich der bayerische Klerus auf den Plan. Einen Statisten als Partygag ans Kreuz zu heften grenze an Blasphemie, zitierte man die Kirchenväter.

Und bevor sich nun das gesamte Christentum von den Diskotheken abkehrte, spendeten wir eine beträchtliche Summe an eine kirchliche Einrichtung. »P 1 kriecht zu Kreuze«, titelten die Zeitungen, wir aber wollten uns einfach in Sicherheit wiegen, dass die Münchner Theologiestudenten auch in Zukunft noch zum Feiern ins P 1 kommen würden. Neun Monate später bekam Rosalinde Decker ein Baby.

»The Hoff« konnte nun wirklich keiner ausstehen – ein Bademeister als rasende rote Badehose, ein Autofahrer, der als Michael Knight (Rider) mit seinem Auto sprach! Als Rettungsschwimmer brachte er es aber immerhin, und das muss man ihm lassen, zum *most famous Baywatcher of the fucking wide world*. Aber eigentlich hatte es »Pam!« gemacht; Pamela Anderson war der wirkliche Grund dafür, dass wir zur *Baywatch*-Party luden. Also musste Balu seine Kamera aufbauen, er war kein schlechter Fotograf. Seine Bilder wollte er immer so hinbekommen wie die weichgezeichneten Blow-ups von David Hamilton, nur lichtete dieser die nackte *Bilitis* und ihre zärtlichen Cousinen ab und keine übernächtigte Discocrew in schlecht sitzenden roten Badeklamotten, wie Balu es fertigbrachte.

Die Einladung mit dem peinlichen Foto und dem Baywatch-Logo schickten wir an die komplette P-1-Kartei. Natürlich hatten wir vorher weder nach den Markenschutzrechten der damals weltweit erfolgreichsten TV-Serie noch nach dem Besitzer der Veröffentlichungslizenzen recherchiert. Es hätte uns klar sein sollen, dass uns die Vermarktungsagentur daraufhin mit einer Klage von über hunderttausend Mark drohte, da wir auch noch den Originalschriftzug verwendet hatten. Schließlich meinte die Agentur, sie habe da als Wiedergutmachung so eine super Idee, und wir sollten doch für die Deko die vielen schönen Merchandisingartikel und Werbemittel nehmen, die bei ihnen im Keller vor sich hingammelten. Langsam war ich ziemlich gefrustet. Man könnte sagen, ich war nicht gerade der geborene Dekorateur für Schwimmflügel und aufblasbare Rettungsbojen.

Die Sache mit dem Sand wollte ich jedoch unbedingt durchziehen; acht Tonnen brachten zwei Lkw vorbei und schütteten sie natürlich genau auf die beiden einzigen Gullis am Parkplatz hinter dem Haus der Kunst. Den größten Teil des Tages verbrachten wir dann zu zehnt, feste schaufelnd, knietief im Regenwasser, weil es am Nachmittag aus Eimern gegossen hatte und durch den Sand in den Gullis kein Tröpfchen absickern konnte. Der Scheiß verkroch sich in jede Ecke, in alle Löcher, in jede Ritze. Wir aber verschrieben uns dem Auftrag: schaufeln. Wir schaufelten wie die Wahnsinnigen, bis Jonas umfiel und liegen blieb. Er lag einfach so da, seine Hand umklammerte eisern den Stiel seiner Schaufel, er wollte sie nie mehr loslassen. Ich hatte den vifen Barkeeper mittlerweile richtig liebgewonnen und, um ehrlich zu sein, ohne ihn hätte ich auch niemals einen Joint angerührt. Wobei ich aufs Kiffen nicht unbedingt stolz war, aber immerhin habe ich deswegen nie mit dem Koksen angefangen. Mein Respekt vor dieser Droge war einfach zu groß und noch dazu hatten mich die Bullen die letzten vier Wochen beschattet.

Irgendein Vollidiot hatte ihnen wohl erzählt, dass ich jedes Mal, wenn ich irgendeinem Gast beim Rein- oder Rausgehen die Hand gab, einen Deal durchzog, und deshalb auch die Handschuhe trüge. Der Spitzel, der die Story erfunden hatte, wollte die Aufmerksamkeit der Kripo von sich auf mich lenken, in der Zwischenzeit hatte nämlich er selbst seelenruhig das Ding mit den Handschuhen durchgezogen. Als er allerdings einmal zum Pinkeln ging, hatte er den Handschuh ausgezogen und auf dem Spülkasten vergessen. Dumm nur, dass gleich der Nächste nach ihm zufällig ein Zivi war und dieser ihm den Handschuh aus Höflichkeit nachtragen wollte; er hatte ihn an den Fingerspitzen angefasst mit der Öffnung nach unten. Der Dealer ging für zwei Jahre in den Bau und im P 1 hingen ab sofort Schilder mit der Aufschrift »Drogen – Nein Danke«.

Ich war total sauer auf Jonas, weil ich jetzt für zwei schaufeln musste. Inzwischen hatte es zwar aufgehört zu regnen, aber es herrschten nun tropische Temperaturen und Sandschippen bei dreißig Grad im Schatten gehörte nicht unbedingt zu meinen Lieblingsaufgaben. Ein Bekannter von Maike, Tommy Irgendwas, bot mir an, beim

Schaufeln zu helfen. Ich also: »Super, nett von dir«, und der Typ: »Kein Ding, mach ich doch gerne.« Nach zwei Stunden Gluthitze und offenen Schwielen an den Händen bereute er es aber dann doch. Kurz vor sechs hatten wir schließlich unseren eigenen Beach vor dem P 1.

Zur Party am Abend kamen über zweitausend Leute. Oh Mann, die Outfits waren unglaublich, geiler ging's kaum. Das kleinste Kostüm, das ich erspähte, war eine etwa zwei Zentimeter dicke Schnur, die sich ein langbeiniges Mädchen mit knackigem Apfelpo zwischen den Beinen durch ihren Schritt gezogen hatte; natürlich war ihre Bikinizone astrein gewachst. Ich befürchtete einen Haufen Rosenkriege und Ehestreits, weil sich alle Typen nun nicht mehr für die neuesten Beachklamotten ihrer Frauen interessierten, die diese tagsüber noch extra gekauft hatten, sondern nur noch für die glatt rasierten Schamlippen unserer »Seiltänzerin«. Fantastisch, dachte ich mir, du kannst froh sein, Mädchen, wenn du die Party ohne grobe Anmachversuche überstehst. Aber vielleicht war genau das ja ihr Plan. Danke, Baywatch, es war das beste Sommerfest der letzten Jahre.

An der großen Bar, die wir aus Bierkisten und Strohmatten auf der Terrasse aufgebaut hatten, stand Maike – sie hatte ihre Brustwarzen mit Pflastern in Surfbrettform abgeklebt – bei Jonas und Theo, die beiden hatten die roten Baywatch-Schwimmflügel an. Hier ging es zu wie am Strand von Malibu in der Hochsaison. Jonas fühlte sich super, weil er einem Typen aus Hannover die Sechs-

Liter-Flasche Champagner verkauft hatte. Nur gab es ein kleines Problem: Als es ans Zahlen ging, sollte der eintausendzweihundert Mark berappen, aber fass mal einem Zwei-Kubikmeter-Mann mit dem Bizeps der Größe einer oberbayerischen Bergziege in einem hautengen Acryltanga in die Tasche, um zu prüfen, ob er genügend Knete für den Schampus dabei hat. Achtung! Jetzt kam auch noch die Alte von dem Tangatypen dazu. Sie hatte ein Tattoo auf dem ganzen Rücken; ich dachte erst, es sollte Captain Blackbeard oder irgendeinen anderen hässlichen Piraten darstellen, bis ich ein berühmtes Rocker-Logo erkannte und, nicht gerade glücklich, zu der Annahme gelangte, dass es sich um das Abbild unseres überdimensionierten Tangatypen ohne Kohle handelte. Sie griff sich Maikes linken Busen, riss ihr das Surfbrett ab, und dann ging eine dieser Frauenprügeleien los, wie wir sie lange nicht mehr gesehen hatten. Es ist schrecklich, einer Schlägerei zwischen zwei Mädchen zuzuschauen, aber diese Klopperei hatte doch etwas Aufregendes, Erregendes, ja, fast eine Art von Sexyness: Die schwarzhaarige Rockerbraut lag im knappen weißen Zweiteiler oben, aber auch Maike machte, mittlerweile komplett oben ohne, eine sehr ansehnliche Figur und man konnte meinen, der Catcherinnen-Contest sei von uns als Partyentertainment arrangiert worden. Natürlich hatte ich mal wieder die Arschkarte gezogen und als Türsteher musste ich die beiden Fight-Girls irgendwie auseinanderbringen. Ich ging also zum Tangatypen und flüsterte ihm was ins Ohr. Dann pfiff er sein Mädchen zurück, zog sich seine Rockerweste über den mächtigen Oberkörper und rauschte mit seiner Braut von dannen. Vorher hatte er mir noch flüchtig fünfzehnhundert Mark in zerknäulten Fünfhundertern in die Hand gedrückt. Natürlich wollte ich niemandem verraten, was ich ihm zugeflüstert hatte; nur so viel: Irgendwie hatte mein Cousin Eberhard aus Fürstenfeldbruck etwas damit zu tun. Von Eberhard wird noch in einem anderen Zusammenhang die Rede sein.

Die Partys kosteten immer Eintritt. Dann reichte den weniger Begüterten das Budget höchstens noch für zwei kleine Biere, die man aber möglichst nicht sofort trinken sollte, weil sonst der Kellner gleich das nächste brachte. Und wenn einer vom Tanzen und Schwitzen richtig durstig wurde, drückte er das volle Fläschchen seinem Kumpel in die Hand und rannte aufs Klo, um Wasser aus dem Hahn zu trinken.

Den betuchten Leuten ging es dabei auch nicht viel besser. Entweder standen sie allein auf der Empore und waren somit für die Groupies in der Arena unerreichbar, oder sie sahen gleich so nichtssagend aus, dass der Türsteher sie wieder in ihren Reichtum zurückschickte. Blöd gelaufen, doch ein Club ohne Restriktionen und Türsteher wäre für sie auch nichts wert gewesen. Es gab Abende, da ließen wir überhaupt niemanden rein: Das sei gut für den Nimbus, meinte Kurt. Ein gewisser Steve Rubell setzte dieses Prinzip in New York als Erster in die Tat um und zwar megaerfolgreich. Er war es, der den Imagewechsel

Die Macht in der Nacht: Der Türsteher

»Du kommst rein, dein Freund aber nicht« – das schöne Mädchen küsst den frustrierten Jungen noch schnell auf die Backe und verschwindet alleine in der Disco. Eine gemeine Aktion, die der Türsteher da bringt. Willkür und Unterwerfung sind die Attribute für das Theater vor der Tür. Allerdings muss der Hauptakteur ein Profi sein, schlagfertig, ausgebildet, mit Geschmack und guten Manieren, schließlich richtet er allabendlich über Glückseligkeit oder Seelenleid. Eine freundliche Arroganz musst du als Türsteher schon mitbringen, aber nie den Respekt vergessen. Bezeichnend für die Macht des Türstehers ist die einzigartige Geschichte von Nile Rodgers, dem Frontmann der 1977 gegründeten Band Chic. Er gilt als Gründer der Disco-Welle und schrieb mit Songs wie »Good Times« oder »Dance, Dance, Dance« Musikgeschichte. Eines Abends war er zu einer Party von Grace Jones ins Studio 54 geladen, doch der deutsche Türsteher Marc Benecke und sein Kollege Al Corley (der spätere Steven Carrington in der US-Serie *Denver Clan*) machten ihm einen gewaltigen Strich durch die Rechnung und ließen ihn nicht rein, weil sie ihn nicht kannten und er nicht auf der Gästeliste stand. Während er drinnen seine eigenen Songs hörte, musste er vor der Tür kehrtmachen und ging frustriert nach Hause, wo er mit ein paar Freunden einen neuen Song auf der Gitarre zupfte. Zur eingängigen Melodie schrie er immer wieder »Fuck Out«, doch seine Freunde rieten ihm, von der Schimpftirade Abstand zu nehmen und so machte er flugs »Freak Out« daraus. Der Song »Le Freak« ist noch heute der Inbegriff der Discoära und erreichte mit mehr als sechs Millionen verkauften Scheiben in über zehn Ländern Platz 1 der Charts. Wären die Türsteher vom Studio 54 nicht so stur gewesen, wäre die Welt um einen der größten Discohits aller Zeiten ärmer. Ja, die Türsteher haben sie, die Macht der Nacht!

des Rausschmeißers und Großonkels zur gesellschaftlich anerkannten Reizfigur vollzog. Als er am 26. April 1977 mit seinem Partner Ian Schrager in dem ehemaligen CBS-Fernsehstudio an der 54th Street in Manhattan das danach benannte Studio 54 eröffnete, konnte keiner ahnen, dass es innerhalb kürzester Zeit die angesagteste Disco der Welt werden sollte. Das Konzept war denkbar

einfach: Jede Nacht stand unter einem anderen Party-
motto und Rubell zahlte einer talentierten Promoterin
250 Dollar für jeden Promi, den sie anschleppte. Sie verdiente sich ein goldenes Näschen dabei. Aber rein kamen
nicht nur die VIPs. »Dress spectacular« stand auf den Ein-
ladungskarten. Nie mehr feierten die unterschiedlichsten
Leute, die Schrillen und Braven, die Berühmten und Unbekannten, die Reichen und Armen so hautnah zusammen wie im Studio 54. Auch unseren Besitzer verschlug
es während eines Praktikums in New York ins legendäre
Studio 54. Was er daraus mitnahm, wurde zum Erfolgs-
geheimnis des P 1: Hier kommt nicht jeder rein!

Auf der Suche nach dem Thema fürs nächste Sommerfest saßen wir um die spartanisch zusammengebaute Bar
auf unserer Terrasse und uns wollte verdammt noch mal
kein Thema einfallen. Gerade schlugen Jonas und Theo
wie jedes Jahr ihren Favoriten, die Dschungelparty, vor,
als Ferdl um die Ecke kam. Der Typ war ein armer Irrer;
sie hatten ihn Jahre zuvor schon aus seiner Wohnung geschmissen, ihm seinen Job als Versicherungskaufmann
gekündigt, den Führerschein abgenommen, und nun
lebte er auf der Straße, und irgendwie mochten ihn alle.
Sein Basislager hatte er auf den Heizgittern hinter den
Säulen vom Haus der Kunst aufgeschlagen, zur Morgenwäsche sprang er alle zwei Wochen in voller Montur in
den Eisbach. Jede Nacht stand Ferdl mit aufgehaltener
Hand vor dem P 1 und an guten Abenden kamen für ihn
gut und gerne zweihundert Mark und mehr zusammen.

Natürlich sparte er die Kohle nicht fürs Essen oder für Kleidung auf, sondern investierte ohne größeren Zeitverzug in Bier. Wahrscheinlich die beste Anlage für ihn. Wir schenkten ihm oft unsere alten Klamotten, so kam es nicht selten vor, dass er die Leute im 300-Euro-Sakko um ein paar Cent anbettelte. Jeden Monat kam er mit einem anderen Fahrrad an – ob er es geschenkt bekam oder geklaut hatte? Wir wollten es gar nicht wissen. Meistens fuhr er es zu Schrott oder es wurde ihm geklaut. Untereinander waren die Jungs von der Straße sehr rüde miteinander. Es gab klare Aufteilungen und es gab Revierkämpfe. Ferdl war den Angriffen seiner Mitstreiter immer wieder ausgesetzt, weil er seit Jahren mit dem P 1 einen der lukrativsten Arbeitsplätze hatte, und viele seiner Kollegen waren ungemein neidisch auf sein Revier. Meist ließen sie ihn aber in Ruhe, weil viele seiner Genossen Respekt vor ihm hatten, denn für sein unergründbares Alter – er müsste damals eigentlich um die Fünfzig gewesen sein – und seine unterirdischen Lebensumstände hatte er unglaublich ausgeprägte Muskeln, als würde er zweimal die Woche im Fitnessstudio trainieren. *Who knows?* Wahrscheinlich tat er's. Ferdl war kein großer Redner. Musste er auch nicht sein. Ein Wort reichte völlig aus. Wir sahen uns an und es war klar, dass unser nächstes Sommerfest »Pennerparty« heißen würde. Die Party wurde ein Riesenerfolg. Sie kamen mit zerfetzten Mänteln, zerknautschten Hüten, mit Jacken aus Zeitungen und mit abgelatschten Schuhen an den Füßen.

Die Einladung bestand aus einem alten Stofffetzen mit Rotweinflecken und der darauf angepriesene Dresscode »Clochard« hatte eine ganz besondere Eigendynamik entwickelt. Endlich mal konnten sich alle so aufführen wie sie glaubten, die Clochards, Penner, Herumtreiber, Stadtstreicher und Obdachlosen würden es auch tun – alles legal im P 1 in jener Nacht. Die Aristokraten tauschten das goldgeknöpfte Dinnerjacket gegen den von Motten zerfressenen Skandinavier-Pulli, der schicke Italiener-Wirt durfte endlich den alten silbernen Jogginganzug ausführen, unser Besitzer setzte sich vor die Tür und deckte sich einfach mit Zeitungen zu, und die Mädchen entwickelten eine wahrhaft kreative Fantasie, wie ein Minirock oder ein Spaghettiträger-Top im Penner-Style vorgeführt werden könnte. Natürlich durften der echte Ferdl und ein paar seiner Kumpels nicht fehlen: Sie ließen das kalte Buffet nicht eine Minute aus den Augen. Neidisch und erbost blickten die Daheimgebliebenen mit der Tagespresse am nächsten Tag auf die Party der vergangenen Nacht. Vielleicht lag es daran, dass die Dekoration aus einer Lkw-Ladung Altkleider der Caritas bestand.

ACHT

A Night of the Proms

Dass es eine ganz besondere Nacht werden würde, hätte ich mir, vom Parkplatz kommend, spätestens in dem Moment denken können, als mir auffiel, dass eine schwarze Limousine mit dunkel getönten Scheiben und Fahrer hier parkte und dass die P-1-Tür einen Spalt offenstand. Wenn ich gegen halb elf meinen Dienst als Türsteher antrat, war die Eingangstür immer verschlossen, da das Personal einen eigenen Eingang beim Müllplatz benutzte. Es war auch immer sauhell im Laden, die Neonlampen des Putzlichts leuchteten in jede noch so dunkle Ecke, und still war es sonst auch. Diesmal aber nicht. Mit dem Hintern an der Wand schlich ich an der Garderobe und dem Caféstand vorbei zum Durchgang in die Disco. Jetzt erkannte ich auch die Musik, »Walk on the wild side« von Lou Reed, dann lugte ich in den Eingang zur Tanzfläche und versuchte, den kompletten Innenbereich in den Blick zu bekommen.

Sie hatte wallendes blondes Haar, das aussah, als würde sie dreimal pro Woche zum Friseur gehen. Das bodenlange rote Abendkleid aus Satin rauschte über die Solnhofener Platten der Tanzfläche; es hatte an der Seite einen fünf Zentimeter breiten Schlitz, sodass jeder gleich erkennen konnte, dass die Trägerin sich ohne Slip auf dem Dancefloor bewegte. Ich konnte ihr Gesicht nicht richtig erkennen, das Paar tanzte einen engen Blues. Der Mann war etwa Ende vierzig, hatte schulterlanges braunes Haar und war etwas kleiner als sie. Sein Körper steckte in einem eleganten Smoking, die Fliege an dem Kent-Kragen des Hemdes war offen und die beiden Bänder baumelten rechts und links herunter. Ich wusste sofort: Er war's! Nur fiel mir sein Name nicht ein. Mein Gott, der einsame Hollywoodrächer, gejagt, verfolgt und am Ende immer der Sieger. Bulle, Skipper, Klapperschlange, alle hatte er durch, nur sein Name, wie war sein verdammter Name? Wie dem auch sei, ich beschloss, in Erscheinung zu treten, schließlich war ich der Türsteher, der Chef im Haus. Als ich vor ihnen stand, ging gar nichts mehr, meine Stimme versagte total, ich also: »Ähm, hallo, herzlich willkommen«, dann erst mal wieder Sendepause. Nach zehn Sekunden sagte ich in holprigem Englisch: »Willkommen im P 1, wir haben zwar noch nicht offen, aber ich freue mich trotzdem, und Sie können natürlich noch weitertanzen, bis wir alles aufgebaut haben.« Er darauf: »Wo sind wir hier überhaupt?« Noch immer fielen mir die Namen der beiden nicht ein, ich ärgerte mich grün und blau, sonst wusste ich richtig viel, bei jedem Fernsehquiz machte ich bei Musik- und Filmfragen alle platt. Als ich ihm sagte, sie seien im P 1, dem besten Club Deutschlands – damals trauten wir uns, manchmal richtig auf die Kacke zu hauen und einfach zu behaupten, dass wir der beste Club der Republik, ach was, ganz Europas seien – meinte er, sie kämen gerade von einer *fucking boring* Preisverleihung, und sie wollten nur noch tanzen gehen. Ihr Fahrer habe sie direkt hierher gefahren und die Tür sei offen gewesen. Sie seien einfach reingegangen, hätten nette Musik gehört und angefangen zu tanzen. Ob ich damit ein Problem hätte? »Oh, no, no, natürlich nicht.« Eigentlich konnte ich es nicht ausstehen, wenn jemand im Laden war, bevor wir aufmachten. Aber das ließ ich die beiden natürlich nicht merken. Ich unterhielt mich einen Augenblick lang mit ihnen, sie war ganz aufgeregt, er nestelte die ganze Zeit in seiner Hosentasche rum und holte schließlich einige 100-Dollar-Noten hervor. Champagner war das Zauberwort! Ich flitzte hinter in die Ausgabe zu Biwak, um eine Magnum-Flasche aus dem Lager zu holen. Also Biwak, der kannte jeden Hollywoodstar. Es war seine Leidenschaft, aus der *Bunten* alles über die Reichen und Berühmten zu erfahren. Er schob seinen runden Schädel durch die Ausgabeluke und fragte: »Wow, was machen *die* denn hier?« Ich: »Wer? Ach die? Die tanzen hier so rum, weil sie von einer Gala abgehauen sind. Verdammt, Biwak, sag schon: Wer sind die beiden?« Und er: »Klaro, das sind Don Johnson und Melanie Griffith. Du weißt schon, *Miami Vice* und *Tell it like it is* und so.« – »Also, nun mal im Ernst«, sagte ich, »bist du dir da ganz sicher?« – »100 Pro!« Ich ging also tapfer mit der teuersten Champagnerflasche meines Lebens in der Hand zu den beiden zurück und schenkte ihnen den Schampus in die Gläser. »Na dann Prost, Don! Schön, dass du da bist, Don! Und Melanie, du siehst klasse aus, wirklich, Melanie!« Die beiden waren ganz angetan von der Freundlichkeit, die ihnen hier entgegengebracht wurde, nur das mit den Namen, das hatten die im P 1 wohl nicht so richtig drauf. Goldie Hawn und Kurt Russell blieben an diesem Abend dennoch bis in die Puppen.

Nie vergessen werde ich auch meine erste Begegnung mit Mick Fleetwood und Stevie Nicks in derselben Nacht eines eiskalten Mittwochs im Februar. Als es an der Tür klopfte und ich mein Guckfensterchen öffnete, sah ich erst mal schwarz. Vor der Tür stand ein großer schwarzer Ledermantel und sonst war nichts zu sehen. Der Blickwinkel aus dem dreißig mal dreißig Zentimeter großen Guckloch reichte nicht aus, um die volle Statur des Mantelträgers zu begutachten. Folglich steckte ich meinen Kopf so gut es ging durch das Guckloch, versuchte ihn in Richtung Ledermantel und dann nach oben zu drehen, um zu sehen, wer da drinsteckte, und das war's dann auch vorerst. Begleitet wurde meine letzte Halsbewegung von einem trockenen Knack-Geräusch. Verdammt: »Gefrierbrand!« Ich befand mich nun in einer Situation, die in Medizinhandbüchern als »Verschiebung zweier gelenkbildender Knochenenden aus ihrer funktionsgerechten Stellung« beschrieben wird. Meine Lage war prekär, meine Körperstellung abnorm, hinzu kam so etwas wie eine eingebildete Luxationslähmung und mein Gemütszustand war verzweifelt: Draußen standen meine Idole Mick Fleetwood und Stevie Nicks und ich hing im Türguckloch fest. Scheißpeinlich!

Selbst meine Hand zur Klinke zu führen, um die Tür zu öffnen, wurde zu einem schier aussichtslosen Unterfangen. In Superzeitlupe versuchte ich, mit den Fingerspitzen meiner rechten Hand die massive bronzefarbene Klinke der P-1-Eingangstür zu erreichen. Den Kopf konnte ich unmöglich bewegen, zumal er auch im Rahmen des Gucklochs feststeckte wie die Füße eines Mafiaopfers im Betonsockel. Mithilfe meines dicken Arbeiterhandschuhs schaffte ich es letztendlich doch, die Klinke zu drücken und die Tür für die beiden zu öffnen, die sich mittlerweile nicht recht entscheiden konnten, ob sie sich entweder totlachen oder mir Erste Hilfe leisten sollten. Der an diesem Abend engagierte DJ Dr. H., der tagsüber Orthopäde im Krankenhaus ist, war mittlerweile herbeigeeilt und versuchte, mich vorsichtig aus dem Eisenrahmen des Türfensters zu ziehen, indem er mit beiden Händen meinen Kiefer umfasste und mich mit kleinen Rüttelbewegungen und dann mit einem festen Ruck aus meiner Gefangenschaft befreite, um mich dann mit einem gekonnten Handgriff zwischen die Schulterpartien wieder in die Freiheit der Bewegungsfreude zurückzuführen. Oh je, Mick und Stevie hatte ich in diesem ganzen Tohuwabohu ganz aus den Augen verloren; aber sie waren schon nach drinnen verschwunden.

Nun musste man sich das mal vorstellen: Auf der Tanzfläche Goldie Hawn und Kurt Russell und soeben Mick Fleetwood und Stevie Nicks an der Tür, ohne dass die voneinander irgendwas wussten oder sich im P 1 verabredet hätten. Hollywoodstars und Götter des Rock! Und das an einem feuchtkalten Mittwochabend im fiesen Februar. Mehr geht nicht. Doch dann wurde ich eines Besseren belehrt und das war so gegen 1.15 Uhr in derselben Nacht. Ich postierte mich also wieder an meiner Tür und versuchte, mich unter dem klapprigen Heizlüfter etwas aufzuwärmen, denn die Außentemperatur betrug mindestens zwei oder drei Grad unter Null, und das war an der Tür auch zu spüren. Der Heizlüfter hing über dem Türsturz und blies mir somit die heiße Luft schnurstracks in die Augen; deshalb trugen wir nachts oft Sonnenbrillen, und nein, das war kein Modegag, das war eine klare Abwehrstrategie gegen rote, entzündete Augen.

Draußen standen etwa zehn in der Kälte bibbernde Leute, die auf mein »Go!« warteten. Die ersten beiden waren zwei süße Mädchen vom Land, ich schätzte, um die zwanzig, aber schon frech wie Nachbars Lumpi. Die eine hatte einen Hammerbody, lange Beine und einen schwarzen Kurzhaarschnitt, so wie Demi Moore. Ich ließ die Mädels rein und auf einmal stand Paul David Hewson vor mir. Ja, Bono, der Sänger von U 2. Damals stiegen sie gerade von der irischen Indiekapelle zur größten Rockband der Welt auf. Ihr inzwischen legendäres Album *The Joshua Tree* avancierte innerhalb von ein paar Monaten zum Meilenstein der Rockmusik und alle weinten und kreischten und sangen mit bei »With or without you«. Ich war bis dahin schon einmal auf einem Konzert von U 2 und fand es obergeil, wie sich Bono flink wie ein Wiesel über die bombastische Bühne bewegte. Jetzt aber stand er vor mir, knapp fünfzig Zentimeter von mir entfernt. Und das war eine dieser Situationen, in denen man außerstande ist, irgendetwas zu sagen, nicht einmal ein »Hallo« bringt man heraus, selbst wenn es das einzige Wort im Sprachschatz eines Türstehers sein sollte. Ich aber: »Hey, Bono, how are you? Do you remember me?« Ich dachte mir, die beste Strategie sei es, einen auf besten Freund zu machen. Er konnte sich bestimmt nicht an irgendwelche Gesichter aus dem Nachtleben einer Konzertstadt wie München erinnern, doch immerhin wusste ich, dass er früher schon mal im P 1 gewesen war. Und er: »Oh, I'm so happy to see you again! It's my pleasure to be here.« Ich war mir sicher, dass er nicht wusste, wo er war, geschweige denn, dass er mich schon mal in die Arme geschlossen hatte. Aber es war cool, dass mich »Bono Vox« knuddelte und mich in die Riege seiner Buddys aufnahm. Ich war Bonos Kumpel.

Vor Begeisterung über meinen neuen besten Freund vergaß ich fast die anderen, die hinter Bono hertrotteten. Erst kam »The Edge« und dann Adam Clayton. Schon damals hatten die beiden irgendwas Oberlehrerhaftes an sich, trotzdem gehörten sie zu meinen Gods of Rock. Es ist komisch, wenn sie alle auf einmal vor einem stehen, es hat erst etwas Unwirkliches, etwas Surreales und dann wird es auf einmal zur Normalität, als würde man Freunde oder Stammgäste begrüßen.

Nach den dreien kam noch ein Tross von Guides, Helfern und Groupies; alle Rockbands hatten damals Groupies dabei. Frank Zappa hat für Groupies einst den abfälligen Begriff von der *crew slut* geprägt, was man als »Mannschaftsschlampe« übersetzen könnte. Die zwei Mannschaftsschlampen von U 2 hatten so ihre Mühe, der Polonaise von Musikern hinterherzukommen. Die vordere, wir nannten sie Ruth, war schon ziemlich breit. Sie mahlte mit ihrem Unterkiefer hin und her und wischte sich mit dem Zeigefinger immer wieder über das obere Zahnfleisch. Das ist so eine alte Kokserweisheit, darüber gehe der Stoff angeblich direkt ins Hirn, als wenn es über die Nasenscheidewand nicht schon schnell genug ging. Als sie bei mir an der Tür ankam, blieb sie stehen und musterte mich von oben nach unten. Ich hatte einen schwarzen Dufflecoat mit riesigen, fetten Knöpfen an und dicke Gummistiefel mit einem kuscheligen Innenfutter, so wie sie die Maronibrater auf dem Münchner Christkindlmarkt am Marienplatz tragen; daran konnte es aber nicht liegen, dass Ruth mich so anglotzte. Ich interessierte mich viel mehr für ihre Freundin. Ihre langen blonden Haare hingen ihr ins Gesicht und sie war nicht geschminkt; sie hatte eine zu kurze Lederjacke und eine Jeans an, die weit unter den Hüftknochen saß, sodass der Schamhügel ihren Buschansatz freilegte. Auf ihrem Unterbauch konnte ich eine Tätowierung unter ihrem weißen Stricktop erkennen, tatsächlich sollte das Tattoo einen Berg darstellen, der sich am unteren Hügel entzwei teilte, um den Weg zum Garten Eden anzuzeigen. Sie hieß Jenny und kam aus Stade. Aus Stade? Wirkliche Groupies hatten Hippie-Eltern und kamen aus Minnesota oder San Francisco, aber nicht aus einer Kreisstadt in Niedersachsen! Wirkliche Groupies waren niemals clean, hatten Haare unter den Armen und malten sich den Union Jack auf ihre Zehennägel. Jenny aber sah nicht wirklich breit aus, hatte rasierte Achseln und die Pickel ihrer Pubertät waren auch schon längst Geschichte. Sie hatte diesen Kate-Moss-Blick drauf und erst als ich sie am Arm zupfte, sah sie mich an. Wenn mir ein Mädchen richtig gut gefiel, machte ich immer einen auf strengen Türsteher. Gehörst du zu denen? Bist du allein? Wie heißt du? Innerhalb von Sekunden hatte ich mehr über das Girl erfahren als ihre Eltern jemals über ihre Tochter wissen würden. »Ich glaube, ich hatte gerade einen Traum«, sagte ich zu ihr. »Komm ich drin vor?«, fragte sie, dann kam leider der stämmige Bono-Bodyguard und unterbrach unser erstes Geplänkel. »Sorry, momentan kein Einlass mehr«, sagte ich zu den anderen vor der Tür, so perplex wie ich war. Beinahe hätte ich die Tür im Stich gelassen und wäre Jenny nachgegangen. Da das P 1 aber neben dem Notausgang nur diese Tür hatte, war ich mir ziemlich sicher, dass ich sie heute Nacht wiedersehen würde. Ich zündete mir erst mal eine Zigarette an und trank von meinem Wodka-Lemon.

Die Hektik vor der Tür bemerkte ich erst, als die Zigarette an meiner Unterlippe kleben blieb, das passiert jedem mal, wenn es kalt ist, und es brennt fürchterlich, wenn man sie wieder abzieht. Durch mein Fensterchen erkannte ich jetzt einen jungen hübschen Kerl mit weißblond gefärbtem Flat-Top, er war viel kleiner als ich und hatte eine schwarze Stehkragenlederjacke an. Neben ihm der Typ von letzter Woche, dieser Casting-Fritze, Jörn hieß er, den wir letzten Samstag rausgeschmissen hatten, weil er mit seiner Videokamera alle süßen Mädchen im P 1 aufnehmen wollte. Der Teenie-Filmer übernahm flugs das Wort für den Blonden, der etwas hilflos rüberkam. Es sah saukomisch aus, als der korpulente Jörn seinen dicken Arm um den jungen Blonden legte und ihm väterlich zur Seite stand. »Jetzt schau' ihn Dir an«, frotzelte Jörn, »ist doch ein blendend aussehender Bursche«. Fürsorglich tat er so, als würde er ihn als seinen neuen Superstar feilbieten und dachte, damit würden die Einlasschancen des Blonden sicher steigen. Jörn meinte es ja nur gut. Das ist meiner Erfahrung nach eins der größten Probleme mit älteren Typen, sie fangen an, den Big

Daddy zu spielen und Sachen zu machen, die sie früher nie machen durften. Der kleine Blonde grinste und tat so, als hätte er jedes Wort verstanden, wahrscheinlich ein Engländer oder Amerikaner. Gerade als ich zur Türklinke greifen wollte, rumpelte mir der Bodyguard in den Rücken. Er war sehr erregt und murmelte was von »lost somebody«. Blitzschnell hatte er den kompletten Eingangsbereich vor der Garderobe gecheckt, sogar unter dem Zigarettenautomat, der hinter dem schweren Windvorhang versteckt war, suchte er nach dem Verlorenen. »Wen suchst du denn eigentlich?« Ich versuchte, mein bestes Englisch an den Mann zu bringen. Er: »We've lost Larry! Larry, the drummer!« Der wäre mir jetzt gar nicht aufgefallen. Obwohl jeder wusste, dass U 2 zu viert sind, hatte man den Schlagzeuger nicht auf dem Schirm. Jetzt kam auch Adam Clayton dazu und herrschte: »Where the fuck is Larry?« Okay, jetzt hatte es auch ich verstanden: Sie hatten den Drummer verloren, tja, dann schaut doch mal nach, Leute! Der Leibwächter schubste mich zur Seite und öffnete *meine* Tür, dann sah er dem strammen Jörn direkt in die Augen – und erlöste den kleinen Blonden aus dessen Fängen. Ich bin im Arsch, dachte ich, der Bodyguard wird mich knebeln und foltern, weil ich ihren geliebten Larry vor der Tür habe stehen lassen. Aber ich tat so, als wäre ich gar nicht schuld, freute mich mit ihnen und schrie immer »Yeah, yeah«. Dann umarmte ich Adam Clayton, den Bodyguard, Larry und den Jörn! Schließlich gingen alle zusammen an Theos Bar und feierten die

Rettung des U2-Drummers mit einer Flasche russischen Wodka.

Also, wir hatten jetzt den Laden voller Promis, und dann schrie auch noch irgendein Verrückter immer wieder: »Er ist mein Gott! Er ist mein Gott!« Ein junger Inder hatte Bono auf der Tanzfläche zwischen seinen zwei Groupies entdeckt und versuchte, sich immer näher an ihn ranzutanzen. Es lief »Slippery People« von den Talking Heads und DJ Dr. H. drehte jetzt richtig auf. Ruth und Jenny waren voll fixiert auf den charismatischen Rockstar und Jenny stupste den kleinen Inder mit ihrem Hintern einfach in die Arme des daneben tanzenden Girls. Das, mein Lieber, das war dein absolutes Lebensglück, denn eine nähere Götteranbetung deines Rockidols hättest du nicht überlebt. Der Bodyguard von Bono hätte dich mit Haut und Haaren gefressen. Und wir, wir waren alle schrecklich erleichtert, dass der kleine Inder heil blieb.

Gegen 2.30 Uhr in jener Mittwochnacht hatte ich meine Gedanken wieder einigermaßen geordnet. Mir blieben aber nur ungefähr zehn Minuten bis zum nächsten Wahnsinn. Fürst von Lauf und Lore war schon ein paar Minuten an der DJ-Kanzel gestanden. Der korpulente Edelmann hielt seinen kahlen Schädel ins Discolicht, seine sensationellen Koteletten sahen aus, als hätte er die Pyramiden von Gizeh auf die Backen tätowiert. Ein kleiner Brite aus Manchester, Dave Duvall, hatte inzwischen Dr. H. als Discjockey abgelöst. Dazu muss ich sagen, dass die kryptische »Billy Jean«-Version der Ragga-muffin-Combo Shinehead, die er als erste Scheibe auf-legte, den ganzen Laden in eine Art Trance versetzte. Die polternden Drums gaben einen Rhythmus vor, der so langsam und behäbig war, dass man nicht wusste, ob man sich bewegen oder einfach nur stehen bleiben sollte. Der Fürst und DJ Dave freundeten sich an und es stellte sich erst ein paar Tage später heraus, dass Dave zu diesem Zeitpunkt das Demo-Tape eines von ihm produzierten Tracks in der Schublade hatte, ihm aber die Kohle für den Release fehlte. Sein neuer Freund, der Fürst, half nach und »Pump up the volume« von Marrs wurde zum welt-weiten Megaseller!

2.45 Uhr: Es wurde immer kälter draußen und mein Heizlüfter gab statt Warmluft ab den Geist auf. Warum genau an diesem Abend alle im P 1 landeten? Ich kann's nicht sagen. Unser Geschäftsführer Kurt kam angesaust und flüsterte mir etwas ins Ohr. Hab leider nur die Hälfte verstanden, lieber Kurt! In dem ganzen Kuddelmuddel vor und hinter der Tür war es gar nicht so einfach, den Überblick zu behalten. Zum Glück war mein Kollege Jochen dazugekommen, Kurt hatte ihn angerufen, wegen der vielen Promis. »Sag mal, weißt du, wer noch kom-men soll? Ich hab Kurt nicht verstanden«, fragte ich und Jochen meinte, er habe vernommen, Prince sei noch als Gast angesagt. Um drei kam allerdings nicht Prince, son-dern mein Cousin Eberhard. Uuups, da sollte der beste Blackmusic-Star unserer Zeit kommen, und wer erscheint?

Mein Cousin Eberhard aus Fürstenfeldbruck. Eigentlich war er ein bombiger Kerl, hatte an die hundertzwanzig Kilo und fuhr Harley, seitdem er zehn war. Ich wusste nicht viel über ihn, nur dass er eine Art Berater bei der Konzertmafia war. Was und wen zum Teufel hatte ein dicker Rocker aus Fürstenfeldbruck bitteschön in der Musikbranche zu beraten? Na ja, er scharte gut und gerne an die hundert Biker hinter sich, dort draußen hatte er den gesamten Münchner Westen komplett im Griff, mit seiner Gang kontrollierte er das komplette Party- und Konzertgeschäft. Bekanntlich nehmen Musiker gern Betäubungsmittel aller Art, stehen auf Nutten und lieben es, von großen, starken Rockern beschützt zu werden. Eberhard war die Komplettlösung. In letzter Zeit mischten sie gewaltig im Security-Business mit, kein Schützenfest und keine Kirmes war vor ihnen sicher, sie wurden oft engagiert, in den Bierzelten für Zucht und Ordnung zu sorgen. Immerhin waren sie so gut, dass es bei zehn Volksfesten nur einen Toten und siebzehn Verletzte gab. Zwei davon hatten Schusswunden und keiner wollte dazu etwas sagen. Dorfschweigen nannte man so was, auf dem Land hielten sie eben alle zusammen. Sogar ein Feuerwehrkommandant aus dem Landkreis hatte die Gang als Eskorte für seinen Hochzeitszug geholt. Bei dieser Gelegenheit kam Eberhard mit Dirty zusammen. Seinen Spitznamen, der Schmutzige, hatte er weg, weil er immer so schlampig aussah, als hätte er sich tagelang nicht gewaschen. Also Dirty war im Musikbusiness tätig und managte damals ein paar talentierte Soulsänger, und seit Kurzem hatte er Prince an der Angel. Er sollte für die Plattenfirma den kleinen Prinz während der Tour durch Deutschland umsorgen, Tische reservieren, Türsteher bestechen und so weiter. Wie beschränkt muss eigentlich ein Label-Heini sein, um einen Topstar wie Prince einem Loser wie Dirty anzuvertrauen? Wohl aus eigener Einsicht holte dieser sich Eberhard und seine Gang als Security für Prince ins Boot. Sie machten sich gar nicht mal so schlecht als Prinzengarde und räumten alles und alle aus dem Weg, damit der kleine Prince ungestört Mädchen gucken und Limo trinken konnte.

Für drei Uhr morgens in einer kalten Mittwochnacht im Februar war es drinnen ziemlich voll. Eberhard nahm mich in die Arme und meinte, auf ihn deutend, das sei Prince höchstpersönlich. Er war tatsächlich sein Securitychef und hatte es bis ins P 1 mit ihm geschafft. Hinter ihnen stapfte Joey durch die Tür; er war Mexikaner, etwas untersetzt, und sein Gesicht trug die Züge eines Fünfzigjährigen, dabei war er höchstens Mitte zwanzig. Er fragte wohl, ob das hier das berühmte P 1 sei. Sein Kauderwelsch aus grottenschlechtem Englisch und genuscheltem Spanisch war nicht im Geringsten zu verstehen. Es gibt Menschen, vor denen man von Anfang an Schiss hat – also, ich weiß nicht genau warum, aber Joey gehörte dazu. Eberhard machte einen auf gut organisiert und fragte, wo sie hinsollten. Kurt überschlug sich regelrecht und führte das Quartett – sie hatten noch einen langen, dünnen Afrikaner namens Gamba dabei, der die Kohle und die Kreditkarten hatte – an die Bar von Theo. Auf dem Balkon über der DJ-Kanzel hatte Theo einen Stehtisch direkt am Geländer klargemacht. Prince war nicht richtig wohl in seiner Haut und er bestellte bei Joey Limonade und – ja, Mädchen! Joey und Gamba schwärmten unverzüglich aus, um Mädchen »einzufangen«, während Eberhard die Brause für seine Hoheit holen musste. Und das war dann genau das Problem: Der Prinz stand alleine an der Balustrade. Mit seinem schmächtigen Körper und seinem bis zu den Knien fallenden Gehrock wurde er praktisch von der Menschenmenge um ihn rum verschlungen, eingesaugt. Irgendwie kam er dann doch die Treppe runter auf die Tanzfläche, wo sie den Kleinen hin und her kickten wie eine flitzende Flipperkugel. Im Sog einer Horde von Ami-Models wurde er in Richtung Tür geschwemmt, doch bevor ich ihn in Empfang nehmen konnte, wurde er von dem Pulk in den weinroten Vorhang gelenkt. Dahinter befand sich die alte Tür in den Keller, die an diesem Abend seltsamerweise einen Spalt offen stand. Der Vorhang gab nach, die Tür ging auf und flugs war der Prinz verschwunden. Inzwischen war Joey mit zwei Hasen wieder auf dem Balkon angekommen, dann stockte ihm der Atem und mit einem lauten »Fuck!« rannte er wie von der Tarantel gestochen los, um seinen Meister zu suchen. Kein leichtes Unterfangen in einem überfüllten Nachtclub, doch Joey schaffte es schwer atmend bis zu mir an die Tür und fegte mich an, ob ich ihn denn gesehen hätte. Nun stieß auch Eberhard zu uns, er hatte eine Flasche Limo für den Chef dabei.

Ich zweifelte an meiner Wahrnehmung, das durfte doch nicht wahr sein, das musste ein Fake sein, ich konnte es einfach nicht glauben: Erst Larry und jetzt auch noch Prince – verschwunden, verloren und vergessen im P 1? Ich war mir sicher, unfreiwilliger Darsteller bei der *Versteckten Kamera* zu sein. Aber als auch noch Gamba hechelnd um die Ecke bog und wild gestikulierend nach Prince rief, wurde mir langsam klar, dass es sich doch um die Realität handeln musste. Ich ließ Jochen allein an der Tür zurück und zog mit Kurt los, um den verlorenen Sohn zu suchen. Wir kürzten den Weg ab und stiegen gleich über die steile Wendeltreppe hinab in die Kellerverliese unter dem P 1 – hier, in den Katakomben vom Haus der Kunst konnte man sich leicht verlaufen, so viele Gänge gab es hier, und einer sah aus wie der andere. Irgendwie hatte ich das Gefühl, dass wir nach rechts mussten, Richtung Personaltoilette. Ich legte mich flach auf den Boden, um unter der Klotür durch den etwa zehn Zentimeter hohen Spalt durchzuschauen. Vielleicht musste er auch nur mal, ich hätte Prince an seinen roten Boots mit den silbernen Sporen sofort erkannt. Bei meinem sagenhaften Glück aber waren es nur abgelatschte Sneakers, die mich in der Annahme bestätigten, dass es sich hierbei nicht um den Prinzen, sondern um den Kellner Postman handelte, der dort seit ein paar Minuten versuchte, sein großes Geschäft zu verrichten. Ich sagte: »Tut

mir leid, Postman, dich zu stören, wir suchen nur jemanden«, und er meinte, er habe zwei Minuten zuvor die
Notausgangstür ins Schloss fallen gehört. Die alte Holz-
tür, von der schon die Farbe abblätterte, befand sich
neben dem Personalklo genau unter der echten P-1-Tür
und führte direkt ins Dickicht des Englischen Gartens.
Als Kurt die marode Tür aufstieß, fanden wir ihn. Prince
stand einfach so davor, das linke Bein leicht angewinkelt,
den rechten Arm quer über seinen Kopf gelegt, so hin-
modelliert wie seine eigene Wachsfigur in Madame Tus-
sauds Promikabinett: »Where the fuck are the girls?«

Promis, Stars und Sternchen: Die Gästeliste vom P 1, Vol. 1

Die Liste ist lang und liest sich wie das Who's
who des internationalen Showbusiness.
Weltstars aus England und den USA waren im
P 1 genauso vertreten wie nationale Promis,
Profikicker und das deutsche Schauspieler-
Brat-Pack. Zu den internationalen Gästen
gehörten unter anderem:

Jon Bon Jovi, Richie Sambora, Prince, U2, Puff
Daddy, Janet Jackson, Jennifer Lopez, Whitney
Houston, Tina Turner, John Miles, Wyclef Jean,

The Fugees, Black Eyed Peas, Kurt Russell & Goldie Hawn, Boo Yaa Tribe, Jeff Koons & Cicciolina, Luchino Visconti, Helmut Berger, Leonardo DiCaprio, Robert De Niro, Dustin Hoffman, Danny DeVito, Paris & Nicky Hilton, Stéphanie von Monaco, Fürst Albert von Monaco, Mick Jagger, Charlie Watts, Keith Richards, Ron Wood, Naomi Campbell, Joaquín Cortés, Mika Häkkinen, Norbert Haug, Michael & Ralf Schumacher, Pet Shop Boys, Oasis, Johnny Knoxville, Rod Stewart, Anastacia, Bianca Jagger, Jeff Goldblum, Al Corley, Jennifer Beals, Giorgio Armani, Dan & Dean von Dsquared, Dolce & Gabbana, Mick Fleetwood, Stevie Nicks, Michael Madsen, Thomas Gottschalk, Tom Cruise, Nadja Auermann, Kate Moss, George Michael, Mando Diao, Falco, Boris Becker, Alain Delon & Anthony Delon, Catherine Deneuve, Matt Dillon, Brad Pitt, Kate Hudson, Paul Walker, Figo, Zinédine Zidane, Michael Jordan, A Tribe Called Quest, Snoop Doggy Dogg, Nelly, 50 Cent, Boss Hoss, George Hamilton, Hugh Hefner, Nicole & Lionel Richie, Milla Jovovich, Mick Hucknall, Sean Penn, Roger Moore, Daniel Craig, Kurtis Blow, Sandra Bullock, Joan Collins, Emmanuelle Seigner, Roman Polanski, David

Coverdale, Pia Zadora, Ray Cokes, Roland
Emmerich, Woody Allen, Jean-Claude Van
Damme, Clint Eastwood, Coolio, Charlie Sheen,
Jeremy Irons, Don Johnson, Kiefer Sutherland,
Take That, Jean Reno, Vinnie Jones, Bill Paxton,
Kate Beckinsale, Owen Wilson, Mickey Rourke,
Maroon 5, OneRepublic, Milli Vanilli, Franck
Ribéry, Luca Toni, Xavi, Pizarro, Bixente Lizarazu,
Cristiano Ronaldo, The Beastie Boys, Red Hot
Chili Peppers, Michael Stipe von REM, The Roots,
Beyoncé, Robbie Williams, Phil Collins, Pete
Townshend von The Who, Freddie Mercury &
Brian May von Queen, Duran Duran, Bryan Ferry,
Jermaine Jackson, Bobby Brown, Ellis, Beggs &
Howard, Robert Palmer …
Kein Wunder, dass man unbedingt dabei sein
will!

NEUN

Stüberl-Report

Der Kater hatte mich gnadenlos im Griff. Obwohl ich nahezu unfähig war, mich aufgrund des gestrigen Alkoholkonsums zu bewegen, lupfte ich dennoch die dünne weiße Bettdecke und erstarrte, als ich sah, was ich drunter anhatte: nämlich nichts! Ich konnte das Geschirrklappern nicht richtig einordnen und als ich das Schnauben des Milchaufschäumers einer Kaffeemaschine vernahm, wähnte ich mich beruhigt in heimischen Gefilden. Diese Annahme erwies sich jedoch als Irrtum, als ein gut aussehender Junge mit kurzen dunklen Haaren um die Ecke aus der Wohnküche in eine Art Wohnzimmer bog: Dort lag ich nämlich auf der großen Doppelmatratze vor einem Riesenstapel Achtzigerjahre-Platten. Wie ist das eigentlich, wenn es keine schöne Frau ist, sondern ein strammer Kerl, der dir am nächsten Morgen, mit deinem Lieblingshemd bekleidet, das Frühstück an die Matratze bringt? Mir schwante Merkwürdiges und langsam kam die Erinnerung an die Nacht zuvor wieder zurück. Ich rappelte mich mühsam auf und musste an die Begegnung mit Fernanda und Letitia denken, zwei süße Brasilianerinnen, die ich nachts im P 1 kennengelernt hatte. Nur: Warum war es Stan aus Kalifornien, so hieß der fesche Amerikaner, der mir gerade Toast und Milchkaffee servierte, und nicht die zwei Senhoritas aus Rio de Janeiro? Nachdem ich mir die Frage, ob ich letzte Nacht mein Debüt in der Praxis der gleichgeschlechtlichen Liebe gegeben hatte, in einer Minute zigmal selber stellte, kamen – es war wie eine Erlösung, ein wunderbarer Moment – die beiden Chicas, in flauschige Handtücher gewickelt, aus einem Raum, der wie ein Badezimmer aussah. Sie wunderten sich nicht schlecht, als ich vehement kopfschüttelnd auf der Matratze saß, bis mich die daraus resultierende Übelkeit zwang, aufs gerade frei gewordene Klo zu sausen.

Als ich vom Kotzen kam, fiel es mir siedend heiß wieder ein. Unser Kellner Postman hatte mich in jener Nacht gegen drei Uhr morgens in den VIP-Bereich im P 1 gerufen, es würde Ärger geben. Eine Clique neureicher Schnösel führte sich auf, als würde ihr mit Wodka bestens ausgestatteter Tisch von »Eindringlingen« angegriffen. Da sie wohl das Gefühl hatten, dass sich die Gruppe der »Angreifer« ihre Vorräte an Hochprozentigem einverleiben könnte, ohne dafür ein Lösegeld zu berappen, postierten sich die jungen Hüpfer zum Gegenangriff und stimmten eine Art Kriegsgeschrei an, das – ich musste es zugeben – gar nicht mal schlecht zu dem Song passte, den DJ Rocco gerade aufgelegt hatte: »Fight for your Right to Paaaaaarty« von den Beastie Boys.

Warum in aller Welt hatte ich die Kids überhaupt reingelassen? Ach ja, stimmt: Das waren »Kukis«. Diesen Codenamen gaben wir den Sprösslingen von Bekannten und Geschäftspartnern unseres Besitzers: Kunden-Kinder. Sie alle waren mit der schwarzen P-1-Karte ausgestattet, die ihnen immerfort Einlass gewährte. Schon wieder so eine dämliche Ausnahme, die unsere Türphilosophie aus den Angeln hob. Aber so ist das Geschäft und so – das muss man einfach anerkennen – entstand auch jeden Abend diese einzigartige Publikumsmischung. Jung, alt, dick, dünn, groß, klein, reich, arm, schön, hässlich – na ja, hässlich mussten sie nicht unbedingt sein.

Genau diese Mannigfaltigkeit war das Besondere an den P-1-Gästen; obgleich man mit dem Klischee von der Schickeria ausschließlich »reich und schön« verband, so kamen sie doch alle aus unterschiedlichen Gesellschaftsschichten, so verschieden, wie man es sich nur vorstellen konnte. Der belgische Juwelenhändler aus Antwerpen stand da neben Max, dem Staplerfahrer aus der Großmarkthalle, nur dass Max der schätzenswertere Gast im P 1 war , denn er investierte die Hälfte seiner monatlichen Lohntüte nicht in Leasingverträge und Kreditraten, sondern schlicht und ergreifend in vierzigprozentigen Wodka an Balus Bar. Jeder so, wie er's mag. Oh, natürlich gab und gibt es Leute, die das P 1 von Haus aus verschmähten: zu teuer, zu blasiert, zu schick. Einer, der neu dazugekommen war, erfuhr jetzt endlich die Wahrheit über seinen BWL-Dozenten von der Uni, als er ihn dabei erwischte, wie er mit der chinesischen Austauschstudentin Yuen-Zeng auf der P-1-Tanzfläche komplett ausrastete. So ging es nicht nur den Frischlingen im P 1, auch ich hatte ein ganz persönliches Déjà-vu-Erlebnis, als ich am ersten Abend meines Türsteherdaseins meinen ehemaligen Physiklehrer, der mich in der Neunten am Gymnasium gnadenlos durchrasseln hatte lassen, auf den Pausenhof zurückschickte, soll heißen: in die Warteschlange und das, obwohl er seit Jahren P-1-Stammgast war. Tja, lieber Herr Oberstudienrat B. – dumm gelaufen für dich, denn die Rache ist mein!

Was ich eigentlich damit sagen will? Nun, es lag nicht immer am dicken Bankkonto oder am Zweitwohnsitz in der Schweiz, ob sie reinkamen oder nicht, nein, neben der Tatsache, dass der Laden mit 250 Leuten einfach rappelvoll war, hieß die Devise »Mixed Salad«. Das Rezept für die spezielle Publikumsmischung hatten wir von Ian Schrager überliefert bekommen, neben Steve Rubell der Inhaber des damals in den Siebzigern legendenumwobenem Studio 54 in New York City, als der Gastro-Entrepreneur ein paar Monate zuvor auf einer Party im P 1 einem geladenen Publikum sein Hotelkonzept aus den USA vorgestellt hatte. Immer, wenn wir fortan nach unseren Entscheidungskriterien gefragt wurden, servierten wir das Rezept für unsere bunte Salatmischung. Und immer, wenn unser Geschäftsführer Kurt zu uns an die

Tür kam und »einmal gemischten Salat, bitte!« bestellte, wussten wir sofort, dass wir die Publikumsmischung an diesem Abend noch etwas delikater anrichten mussten.

Am Kuki-Tisch war die Stimmung inzwischen immer angespannter geworden, man konnte regelrecht spüren, dass es gleich krachen würde. Die Jet-Set-Kids waren fünf stramme Burschen und drei schnuckelige Mädchen. Ihnen standen als Eindringlinge zwei Amis mit zwei Brasilianerinnen gegenüber. Obwohl einer der beiden Amis recht muskulös war, schien es ein ungleiches Verhältnis für einen fairen Kampf zu sein. Diesen hätte eigentlich Postman ausfechten oder schlichten müssen, denn er hatte den zwei Amis mit ihren heißen Girls versprochen, dass am Tisch der Teenies genügend Platz für beide Gruppen wäre. Sie sollten halt ein wenig zusammenrutschen, dann ginge das schon. Bei der Enge auf dem Sitzpodest war es selbst für einen gewieften Kellner Schwerstarbeit, mit einem Tablett voller Getränke heil durchzukommen. Postman wurde von Maike im Service unterstützt und die hatte alle Hände voll zu tun, die Nassauer und die Nichtstrinker aus dem VIP-Bereich zu scheuchen, denn manchmal gestaltete sich dies nicht gerade als leichtes Unterfangen. Seit etwa zehn Minuten hatte sie auch noch unseren lieben Freund Fletcher an der Backe, der sich mit der fettesten Zigarre, die ich jemals gesehen hatte, und natürlich Opernarien schmetternd in dem Menschengemenge von einem Tisch zum anderen treiben ließ. So musste es geschehen, dass sich all unsere Kandidaten an besagtem Kuki-Tisch trafen. Keiner saß mehr, alle standen sie, die Beine eingeklemmt zwischen den Sofas und den drei kleinen, kniehohen Tischchen, sodass die Mädels entweder Laufmaschen in ihren Feinstrumpfhosen oder fiese blaue Flecke an ihren Schienbeinen davontrugen. Sie standen sich gegenüber, sahen sich an und gestikulierten wild umher, denn ein konstruktives Gespräch war bei dieser Lautstärke, die uns DJ Rocco nach den Beastie Boys mit dem Hammersong »Get up whirlpool« von Edwin Starr um die Ohren haute, nahezu ein Ding der Unmöglichkeit.

Für einen kurzen Moment sah es so aus, als hätte sich die Lage beruhigt, dann plumpste Fletcher in seinem hellbraunen Nadelstreifenanzug rücklings zwischen zwei Sofas mit dem Hintern voraus auf den ersten der kleinen Tische, sodass dabei die 1,5-Liter-Flasche Wodka in tausend Scherben zerplatzte. Ob er von dem Menschenknäuel getrieben wurde oder ob er aus Jux und Dollerei eine Arschbombe auf dem Tisch platzieren wollte? Das konnten wir auch im Nachhinein leider nicht mehr eruieren.

Jetzt drehte sich der Größte der Kukis um 180 Grad herum und setzte zu einer Handbewegung an, die einen Faustschlag erwarten ließ, der Fletcher treffen sollte. Die anderen hätten ihn ruhig vorher vom Tisch wegziehen können, den unfreiwilligen Störenfried, aber auch wenn es nicht so aussah, blies Fletcher nun zum Gegenangriff. Er beugte sich nach vorn und wusste in diesem Moment nicht genau, ob er die harte oder die weiche Tour fahren sollte. Er entschied sich für Letzteres und schob ihn vorsichtig mit beiden Händen nach hinten, sodass er mit seinem Hintern auf der Couch neben dem riesigen Amerikaner landete. Einen Augenblick lang, fünf Sekunden oder sechs, hielten alle still und dann begann eines der Teeniemädchen zu heulen. Der große Ami saß einfach nur da und beobachtete die Szenerie. Sein schwarzes T-Shirt schien am Bizeps seines Oberarms fast zu reißen; ich hatte lange nicht mehr so einen Brocken im P 1 gesehen.

Alles andere hatte ich erwartet, als ich beim Tisch ankam, eine ausgiebige Schlägerei oder ein chaotisches Gerangel, aber sicher nicht das: Unsere zwei Brasilianerinnen Fernanda und Letitia, die mit Stan, dem Kalifornier und dem großen unbekannten Amerikaner gekommen waren, tanzten mit den Teeniegirls Hand in Hand und die komplette Jeunesse dorée am Tisch hatte sichtlich Spaß daran, mit Stan lustige Trinkspielchen zu veranstalten. Erst als die Lichtanlage auf der Tanzfläche ein paar helle Strahlen zum Tisch rüberschickte, konnten sie erkennen, dass es der hünenhafte Amerikaner Mickey Rourke war, der völlig relaxed mitten unter ihnen saß. Er blieb nicht mehr allzu lange und als DJ Rocco gegen halb fünf den letzten Song ausklingen ließ – »Who needs sleep tonight?« von Silicon Soul –, lud Stan Fernanda, Letitia und mich in sein Apartment im Glockenbachviertel zum After-Hour-Chillen, wie er sagte, ein. Es wurde eine jener außergewöhnlichen Nächte.

Am Abend drauf versuchte mein Türsteherkollege Jochen, auf mich einzureden. »Klaus«, sagte er, »kannst du mir bitte einen Gefallen tun?« Und ich: »Äh, ja, ich mein, vielleicht«, dann wieder Jochen: »Bitte mach an Silvester keinen Urlaub, bleib einfach hier und fahr nicht weg.« Ich konnte Silvester nicht ausstehen, das lag vor allem daran, dass wir jedes Jahr am 31. Dezember arbeiten mussten. »Keine Chance, heuer ist es so weit, dieses Jahr bin ich Silvester weg«, antwortete ich. Zehn Jahre hatte ich jedes beschissene Silvester im P 1 verbracht und gearbeitet, nie war ich mal woanders, immer der gleiche Mist – um neun gab's Hummer-Buffet mit Champagner für 180 Mark und ohne Schampus für 100 Mark.

Punkt zwölf fackelte unser Geschäftsführer Kurt auf dem P-1-Parkplatz ein Riesenfeuerwerk ab, es krachte richtig, etwa zehn Minuten lang, und wer sich auskennt, weiß, was da abgeht, wenn es zehn Minuten knallt. Das Jahr zuvor ist eine Rakete vom Kurs abgekommen und in den kleinen Weiher beim japanischen Teehaus neben dem P-1-Parkplatz eingeschlagen. Es war eine dieser Monsterraketen und die hätte beinahe den dort alteingesessenen Erpel auf dem Gewissen gehabt. Zum Glück landete sie ein paar Zentimeter neben ihm. Silvester im P 1. »Dieses Jahr ohne mich.«

Wir entschieden uns für Paris. Wir – das waren Rebecca und ich –, eine rein platonische Beziehung, obwohl ich zugeben musste, dass ich sie nicht von der Bettkante gestoßen hätte. Sie war nicht sehr groß, so um die einsfünfundsechzig, hatte wunderbar spitze Wangenknochen und die Augen lagen tief. Um ihren schmalen Hals trug sie eine Kette mit einem Anhänger dran, auf dem »Nonna« stand, es war ein Geschenk ihrer Oma, die an der ligurischen Rivieraküste lebte. Ich musste dabei unweigerlich an Thomas Anders von Modern Talking denken, der sich seine Gattin Nora an einer Kette um den Hals legte und überdimensional zur Schau trug. In Gold natürlich.

Rebecca hatte nur ein kleines Köfferchen dabei und mir war es verdammt peinlich, dass meine Reisetasche mindestens doppelt so groß war. Für drei Tage Paris. Als wir am Flughafen Charles de Gaulle in Paris ankamen, fiel ich prompt dem französischen Zoll in die Fänge, kein Wunder, so wie ich aussah: schwarze Jacke, schwarzes Shirt, dunkle Sonnenbrille, im Gesicht fahl wie eine weiße Wand. Wie dem auch sei, ich hätte wissen müssen, dass ich bei diesem Äußeren ein potenzielles Kontrollopfer darstellen würde. Generell war ich ja dafür, dass die Bösen rausgezogen wurden, und auch das mit den Drogen mussten sie natürlich an den Flughäfen im Griff haben. Und obwohl ich grundsätzlich kein Freund von Betäubungsmitteln aller Art war, wurde mir angst und bange. Es hätte nämlich sein können, dass sich noch ein

Bröckchen Dope oder ein Körnchen Koks tief in der Innentasche meiner Lederjacke verkrümelt hatte.

Es war etwa eine Woche zuvor, als wir dachten, dass da ein Deal vor dem P 1 über die Bühne gehen sollte. Erst hatten wir bemerkt, dass sich seit Tagen ein Mädel in einem viel zu dünnen Mäntelchen, midi-kurz, vor der Tür auf dem Parkplatz rumtrieb. Sie kam nur selten ins P 1, lief einfach so rum und setzte sich dann und wann in einen 86er Toyota Corolla mit abgedunkelten Scheiben, der alle zwei Tage auf dem Parkplatz vorfuhr.

In der vierten Nacht gingen wir zu dem Corolla rüber. Die Kleine saß auf dem Beifahrersitz und blinzelte in den Lichtstrahl der Taschenlampe, die der mit dazugestoßene P-1-Parkwächter auf sie gerichtet hatte. Sie war eigentlich ganz süß und hätte sicher nichts dagegen gehabt, wenn wir mit ihr eine Spritztour unternommen hätten, egal wohin. Auf dem Fahrersitz lümmelte ein Typ, ein Unsympath vor dem Herrn, Mitte vierzig, klein, dichtes Haar, strahlend blaues Hemd, das er auch bei diesen eisigen Temperaturen weit offen trug. Der hatte von der ersten Sekunde an ein großes Problem mit uns.

Tatsächlich glotzte uns mitten auf seiner glatt rasierten Brust eines dieser bescheuerten Mama-Tattoos entgegen und am Arm trug er eine gigantische Uhr, mit funkelnden Diamanten besetzt. Die Frage war nur: War er der Handlanger, der Obergangster oder doch einfach ein armer Volltrottel? »Ihr seid doch die Türsteher vom P 1, ich kenn' euch doch.« Und ich: »Äh, wieso, also, okay, woher weißt du?« Er musste lachen. »Ich bin doch jedes Wochenende bei euch im Laden.« Jetzt rückte auch er ins Licht der Lampe und ich erkannte Cookie, diese Kanaille. Aufgewachsen am Starnberger See hatte sich Cookie in München und Umgebung einen berüchtigten Ruf erarbeitet, indem er alles und alle besorgen und natürlich auch entsorgen konnte. Wenn man den Corolla ansah, waren coole Autos nicht unbedingt seine Spezialität, aber jetzt wollte er uns erst mal die wundersame Welt der verbotenen Träume, aktenkundig geführt als Betäubungsmittel, vorführen. Auch diesmal hatte er eine große Klappe und erzählte uns, er habe alles dabei: Ecstasy, Koks, Haschisch und Marihuana.

Er machte keine Anstalten von Heimlichtuerei, kein nervöses Dealer-Gequatsche, er kratzte sich seelenruhig am Sack und tat so, als würde er uns saure Drops und Brausepulver aus dem Gemischtwarenladen andrehen wollen. Und genau das machte mich stutzig, wenn der hier so auffällig mit dem Zeug rumhantieren wollte und sich nicht darum scheren würde, dabei vielleicht gesehen zu werden, dann müsste er schon eine ganz große Nummer sein. Ich sah uns schon, in einen verrottenden Waldschuppen verschleppt, an irgendwelchen Balken mit dem Kopf nach unten baumeln. Den Unterarm würden sie uns brechen, indem sie ihn am Handgelenk und vor dem Ellenbogen auf zwei Holzböcke legen, und dann mit einem schweren Vorschlaghammer in die Mitte hauen würden. Allein die Vorstellung des Geräuschs, das bei dieser Foltermethode entstehen würde, sorgte bei mir für einen kalten Schweißausbruch.

Natürlich hatte mir nie einer geglaubt, dass wir nicht auf Drogen waren, jeder Depp dachte, dass wir uns im P 1 jede verdammte Nacht die Nasenscheidewand kaputt koksen und die Birne wegsaufen würden. Und ja, sicher hatten wir alle mal den Moment, in dem wir etwas ausprobieren wollten oder besser, mussten, denn wenn du in einer Clique warst, in der sie etwas einwarfen, hast du dabei mitmachen müssen. Der Mensch ist eben ein Herdentier und wenn einer mit etwas anfängt, dann dauert es nicht lange, bis die nächsten hinterherziehen.

An meinen ersten und einzigen Joint kann ich mich noch sehr gut erinnern. War mir schlecht! Erst war alles sehr relaxt, dann hingen wir daheim auf der Couch rum und hörten »Hotel California« von den Eagles, bis Sharon anfing, über die verschiedenen geistigen Ebenen von Sigmund Freud zu dozieren: du gibst mir deine Schublade und ich reich dir meine und so 'n Zeug. Irgendwann kam dann der große Lachflash, gefolgt von unbarmherzigem Hunger auf Süßes und Saures, ich glaub, ich hab nie wieder so viele Schokoladenriegel und Leberwurstbrote gleichzeitig in einer halben Stunde verputzt. Dann liegst du breit und vollgefressen auf dem Boden rum und rollst dich von einer Seite auf die andere, bis dir richtig schlecht wird, dann musst du dich übergeben und danach geht's wieder. Ich muss ehrlich gestehen, es war eine Erfahrung, wenn auch keine obergeile, aber im Nachhinein habe ich mich immer wieder gefragt: For what? Und dann bin ich zu einem überaus zukunftsweisenden Schluss gekommen, dass es eigentlich völliger Blödsinn ist, für einen Haufen Kohle altes Gras zu kaufen, um dann den halben Kühlschrank leer zu fressen, dessen Inhalt ja auch eine ganze Stange gekostet hat, um nach einer Stunde wieder alles auszukotzen. Also wirklich, ich habe echt kein schlagendes Argument dafür gefunden, und auch das ganze Da-kann-ich-dann-besonders-gut-einschlafen-Geplänkel kann doch auch keiner mehr hören. Da mach ich doch lieber zwei Tage im After-Hour-Club durch und falle danach von alleine todmüde in die Federn. Im Übrigen dürfte diese Alternative noch wesentlich preisgünstiger sein als die Kiffen-Kotzen-Variante.

Auf dem P-1-Parkplatz hatte ich das dumpfe Gefühl, Cookie wollte mit uns irgendwelche Deals aushandeln. Das würde doch hier hoffentlich keine Aktion à la *French Connection* werden? Die Entzugsszene in dem phänomenalen Drogenkrimi, wie Gene Hackman als »Popeye« Doyle in einem abgewrackten Kellerloch mit Bananen und tafelweise Schokolade vom »H« runterkommen sollte, schlug mir schon damals so auf den Magen, dass mir die Lust auf harte Sachen für ein paar Jahre bereits als Jugendlicher verging. Aber ich hatte keine Ahnung, es kam noch schlimmer.

Die Fahrertür des 86er Corolla öffnete sich und Cookie stieg aus. Die Kleine hinterher, sie tat mir leid in ihrem hautengen Schlauchkleidchen mit der hauchzarten Jacke drüber, sie fror wie ein Schneider, sodass ich ihr spontan meine Lederjacke anbot. Ich konzentrierte mich zwar auf Cookie, aber im Augenwinkel registrierte ich, wie die Kleine irgendwas aus ihrer rechten Hand in die Innentasche meiner Jacke steckte. In diesem Moment gab ich dem Parkwächter ein Zeichen, wir drehten ab und gingen zurück zum P 1. Fünf Minuten später stand die Polizei vor unserer Tür und nahm die beiden mit.

Am Flughafen in Paris hatte die französische Zollbeamtin mit dem neckischen Schiffchen auf ihrem roten Haar mittlerweile ein Auge auf mich geworfen. Das glaubte ich zumindest solange, bis sie mich zu einem angeranzten Plastikvorhang führte, hinter dem sich eine Kabine ohne Fenster befand, mit nur einer Pritsche drin und sonst nichts, will sagen: Es war genau der richtige Ort für eine intensive Leibesvisitation. Die Situation erinnerte mich an den Rennfahrerstreifen *Tage des Donners*, in dem die Mechanikercrew Tom Cruise eine falsche Polizistin auf den Leib hetzt, die ihn mal so richtig durchsuchen soll. Es herrschte nun ein paar Sekunden lang Totenstille, wir standen uns gegenüber und starrten uns an wie bei einem Mexican Standoff. Die angespannte Ruhe fand ein Ende, als sich die schöne Zöllnerin die pulverbeschichteten Untersuchungshandschuhe über ihre schmalen Hände stülpte und dann anfing, ein paarmal zu klatschen. Sie: »Legt der Rocco noch bei euch auf?« Ich war verblüfft über ihre Frage, zumal sie in zwar gebrochenem, aber sehr gut verständlichem Deutsch daherkam, hatte ich doch eine ausgiebige Rektaluntersuchung erwartet, und jetzt fragte mich die Tante vom Pariser Flughafenzoll nach dem DJ im P 1 – war das zu fassen?

Ich versuchte, mich zusammenzureißen. »Ja, ja, der Rocco legt bei uns noch auf, äh, kennst du ihn?«, fragte ich sie. »Ich hab vor zwei Jahren mit seiner Freundin Kaya im Café Schwabing gekellnert«, kam als Antwort, und dann zog sie die Handschuhe aus und drehte sich noch mal zu mir um: »Viel Spaß in Paris!« Als Rebecca und ich endlich im Taxi Richtung Innenstadt saßen, fand ich in der Innentasche meiner Lederjacke ein klitzekleines Plastiktütchen. Zum Glück war es leer.

In Paris stiegen wir im Hotel de la Place du Louvre ab, einem kleinen Boutique-Hotel mitten in der Stadt. Rebecca war anzumerken, dass sie ganz schön k. o. war und sie legte sich erst mal aufs Bett. Ich nahm eine Dusche und als ich fertig war, sagte sie wie aus heiterem Himmel: »Heute Nacht ist Silvester! Lass uns einfach losgehen und sehen, was auf uns zukommt.« Um acht zogen wir los und landeten ein paar Taximinuten später zuerst in der berühmten Disco Les Bains Douches, dem damals besten Club in der Seine-Metropole. Der französische Maître am Begrüßungsdesk näselte uns entgegen: »Ah, oui, wir 'aben noch une table pour vous.« Da waren wir aber froh und auch das Motto – Italienische Nacht – fanden wir irgendwie nett. Erst als wir im Voraus umgerechnet zweitausend Mark für zwei Spaghetti-Menüs auf das Desk legen sollten, machten wir kehrt und verschwanden auf Französisch.

Ein paar Straßen weiter, mitten im Pariser Rotlichtbezirk, standen wir vor einer vergammelten Tür mit einem Klingelschild, auf dem LLT in verschmierten Buchstaben zu lesen war. »Hier muss es sein«, sagte ich. Der Laden hieß Lilly La Tigresse, laut Cityguide eine Mischung aus Topless-Bar, Boudoir-Club und In-Schuppen. Mal sehen. Nachdem wir ein paarmal gebimmelt hatten, öffnete sich die Tür einen kleinen Spalt. »Was wollt ihr?«, kam uns eine strenge Stimme entgegen. »Äh, rein, was sonst?«, erwiderte ich, darauf die Stimme: »Sie okay, aber du kommst hier nicht rein!« Nun hatte es mich auch mal erwischt und eigentlich sollte es mir nichts ausmachen. Das sagt sich so leicht, aber so eine Abfuhr kann ganz schön tief sitzen. Gerade, als ich den Neinsager mit meinem Schulfranzösisch beeindrucken wollte, kam von hinten eine Gestalt daher, die sich an uns vorbeizwängen wollte. Der Typ war etwa so groß wie ich, hatte irgend so einen Tirolerhut mit einem buschigen Gamsbart auf und unter den überbreiten Schlaghosen lugten kackbraune Glattleder-Plateauschuhe heraus, sodass er aussah, als würde er auf rohen Eiern gehen.

»Was ist denn hier los?«, wollte der Neuankömmling wissen. »Nichts, Chef, alles klar«, gab ihm der Türsteher zu verstehen. Und in perfektem Deutsch meinte der Chef zu uns: »Und Ihr? Was macht Ihr denn hier?« Also wirklich, wie kann man nur eine so dämliche Frage stellen. Selbstverständlich standen wir nur zur Gaudi hier so rum und verbrachten unsere Silvesternacht in Paris gerne vor der Tür einer abgetakelten Stripteasebar, wir hatten ja nichts anderes vor. Fuck! Was dachten die sich eigentlich? Natürlich wollten wir rein. Nichtsdestotrotz blieb ich freundlich und fragte den Boss, woher er denn so gut Deutsch könne. Mit leichtem bayerischen Akzent antwortete er: »Ich bin aus München und war früher jede Nacht im Stüberl unterwegs. Da haben wir nicht nur Deutsch gelernt.«

Grundsätzlich haben wir uns immer wahnsinnig gefreut, wenn uns die P-1-Geschäftsführung auf Reisen schickte. Jedes Jahr sollten wir neue Clubs in anderen Städten besuchen, um mit dem P 1 am Nabel der Zeit zu bleiben, und ein bisschen Abwechslung hatte schließlich noch keinem geschadet. Ich konnte mich noch minutiös an unseren letzten Trip nach Amsterdam erinnern. Im berühmten Rotlichtviertel der zugedröhnten Grachtenstadt hatte Willi, ein Aushilfsbarkeeper im P 1, seine Unschuld an einen Callboy namens Bigoslav verloren. Willi lief also die schmalen Gassen entlang, an denen sich Schaufenster an Schaufenster reihte; hier fand man allerdings keine Schaumstoffpuppen in der Auslage, sondern lebende Geschöpfe, die man – nun ja – für eine gewisse Zeit mieten konnte. Plötzlich blieb er vor einem Fenster stehen; er hatte seinen Auserwählten gefunden: eine Figur wie ein athletischer Turmspringer und den Hintern an die angelaufene Glasscheibe gepresst. Trotz seiner monstermäßigen Erektion hatte es Willi geschafft, die drei Treppenstufen zum Fenster rauf- und durch die Katzenklappe in die Gummizelle von Bigoslav reinzukrabbeln. In seinem angespannten Zustand aus mannstollem Stehvermögen und geschwollenen Eiern – in diesen Situationen musste man Willi nur ein paar schweinische Worte zuflüstern und schon barsten ihm die Bronzeknöpfe von seinen Jeans – fiel er über den braven Adonis her wie ein reißender Werwolf über das wehrlose Lämmchen. Natürlich hatte er bei dieser ·Aktion nicht bedacht, dass sich vor dem Fenster an die fünfzig Schaulustige drängelten, um der männlichen Körpersaftvereinigung standhaft beizuwohnen. Unter den mittlerweile im Takt mitklatschenden Gaffern befand sich auch Myk, der holländische Zuhälter des von Willi auserkorenen Opfers, und der fand die ganze Pornosause nicht im Geringsten lustig.

Der Zuhälter war nicht allzu groß, etwa zehn Zentimeter kleiner als Willi, aber sehr bullig und er versuchte immer, Ärger anzustiften. Myk ging also rein ins Zweimanngetümmel, nicht mit Defilee durch die Mitte, sondern still und heimlich, das war effektiver. Von außen hatte der Anblick etwas von einem Cage-Fight, alle naselang klatschte ein Körperteil ans Fenster, so hart, dass die Scheibe schließlich sprang. Blutspritzer und Schweißtropfen rannen das Fenster runter und dann ging sie komplett drauf, die Glasscheibe. Tausende kleiner Scherben flogen den Zuschauern um die Köpfe, als mit dem klirrenden Geräusch auch gleich der nackte Willi aus dem Sexcontainer in die Menge sprang und losspurtete. Die Gassen rauf und runter, an Hollandmädchen auf Fahrrädern vorbei, in den verqualmten Coffeeshop hineingeplatzt, in dem alle Gäste die Nüchternheit für beseitigt erklärt hatten, und weg von der berühmt-berüchtigten Bananenbar, in der gelenkige Tanzmäuse der anwesenden Manneszunft vorführten, wie weit sie die gelbe Frucht anhand ihrer Scheidenmuskulatur-Akrobatik schießen konnten. Myk hatte sich auf seiner Verfolgungsjagd einen Laufpartner dazu geholt, beide scheuchten sie nun den nackten Willi durch die engen Gassen. Amsterdamned, Willi hatte einfach kein Glück an dem Tag. Myk schnitt ihm über einer kleinen Brücke den Weg ab und bekam ihn an seinem Gemächt zu packen, das ohne festen Halt zwischen seinen Beinen baumelte. Ihr kennt das Kratzen spitzer Fingernägel an einer Kreidetafel, so in der Art musste man sich Willis grellen Schrei vorstellen, als Myk seine Klöten zu fassen bekam. Sein Kompagnon, ein unwichtiger Hartgeld-Lude, sprang von links über den schmalen Grachtenbach und blieb mit seinem rechten Fuß im Karabiner einer Bootsboje hängen, wobei er sich zwei Zehen brach, seinen sperrigen Körper einmal um die eigene Achse drehte und dann rücklings ins Brackwasser kippte. Willi ging inzwischen ab wie eine Rakete, bis Myk seine Eier wieder freigab, dann trat Willi nach hinten aus wie ein wild gewordener Hengst und ließ den Holländer fliegen. Voll auf die Schnauze. Ein paar Sekunden lang war es seelenruhig, der Hartgeld-Lude trieb mit dem Kopf nach unten in der Totmannstellung langsam ab und Myk, das miese Schwein, war von dem Pferdekuss noch immer völlig benommen. In der nackten Blöße, in der er sich befand, fasste sich Willi letztendlich doch ein Herz und sprang in die stinkende Gracht, um den »Treib-Täter« vorm Ertrinken zu retten. Auch noch Wochen danach zogen wir Willi mit der Schlagzeile vom *De Telegraaf* auf: »Deutscher Sextourist rettet Amsterdamer Zuhälter das Leben!«

Eines Tages rief der Programmchef eines Münchner Lokalsenders an. »Das hättest du wohl nicht gedacht, dass ich mich bei dir melde, oder?«, witzelte der Radiomann, ich war wirklich sehr überrascht, und er weiter: »Wollen wir nächste Woche mal unser Projekt angehen?« Mir war irgendwie nicht ganz klar, was er denn wollte, ich konnte mir nur eins vorstellen, dass es jetzt endlich an der Zeit war, mit der *P-1-Radioshow* loszulegen. Im Sommer hatten wir dem Sender unser Konzept präsentiert – einen lustigen Abendtalk mit Türstehern, DJs und Gästen aus dem P 1, doch damals hatte sich der Radiosender nicht wirklich getraut, die *P-1-Show* auf den Äther zu schicken, da der Sender dachte, die Nummer könnte zu hart oder zu ausschweifend werden. Ganz unrecht hatten sie damit nicht. Die Woche darauf hatten wir unsere erste Sendung. Der Barkeeper Theo, mein Türsteherkollege Jochen und DJ Speedy waren mit von der Partie und alle waren wir mächtig aufgeregt, als die rote Birne anging und das Schild »On Air« aufleuchtete. Damals durften wir die Musik noch selber aussuchen und DJ Speedy legte als erstes »Memphis Soul Stew« von King Curtis auf, eine Wahnsinns-Live-Nummer, acht oder neun Minuten lang. Als wir dran waren, brachten wir keinen richtigen Ton heraus, Speedy versuchte, das Beste draus zu machen und laberte über den King-Curtis-Song, wobei er sich bestimmt zehnmal verhaspelte. Der Tontechniker hinter der Glasscheibe verdrehte die Augen und zeigte mit einer Handbewegung an, dass wir doch immer weitermachen sollten. Trotzdem: Funkstille. Kennt Ihr diesen Augenblick, in dem Ihr euch nichts sehnlicher wünscht, als auf der Stelle verschwinden zu können, wie die *Bezaubernde Jeannie* in der gleichnamigen TV-Serie? Versinken wollte ich im Erdboden, so peinlich war mir die Kiste. Aber dann Jochen: Der hatte sich gar nichts geschissen und legte gleich mal volle Pulle los, dass die Hörer nun anrufen und ihm als P-1-Türsteher Fragen stellen könnten, die sie nie zu fragen gewagt hätten. Die Grundidee war gar nicht mal so schlecht, die Quote stimmte, und es wurden immer mehr, aber leider ging nach zwanzig Minuten gar nichts mehr, weil die Telefonistin die über zweihundert Anrufe nicht alleine bewältigen konnte. Viele aber kamen durch: »Du Sau, du hast mich letzte Woche

155

nicht reingelassen!« Oder: »Was glaubt Ihr, wer Ihr seid, wenn Ihr *uns* an der Tür wegschickt?« Es gab aber nicht nur Beschimpfungen, zwei Mädels schrien ins Telefon: »Jochen, wir wollen ein Kind von dir!« Mittlerweile hatten wir unser Selbstbewusstsein wieder und machten eine wirklich gute erste *P-1-Radioshow*. Wir luden uns viele Gäste ein: Bayern-Spieler, It-Girls und Münchner Stadtmusikanten. Die Hörer dankten es uns mit einer bombigen Einschaltquote, die selbst den Sender überraschte.

Im Spätsommer spielten wir in der P-1-Sendung »Telefon-Terror-Toni«, da riefen wir zwischen den Platten von Madonna und den Commodores irgendwo an und drückten den Leuten einen schwachsinnigen Sermon auf. Einmal verlosten wir Freikarten für Münchens größten Puff: Ihr werdet nicht glauben, wer da alles anrief, und später wäre beinahe noch das Telefonnetz wegen Überlastung zusammengebrochen. Die coolste Aktion aber war die Pizza-Nummer: Wir riefen mit verstellter Stimme beim Pizzaservice an und bestellten 150 Pizzen, die doch bitte ins P 1 geliefert werden sollten, dort hätten sie Hunger, und die würden auch vor Ort die Rechnung bezahlen. Immerhin sollte die Lieferung um die tausend Mark kosten. Kurt im P 1 war darüber jedoch gar nicht amüsiert, als die drei Pizzaboys darauf bestanden, dass die 150 Pappschachteln, die mit dem leckeren Inhalt ins P 1 geliefert wurden, dort auch bezahlt werden sollten. Im Allgemeinen hatten Kurt solche Aktionen ziemlich kalt gelassen und wäre der gönnerhafte P-1-Gast nicht gewesen, der die Rechnung letztendlich bezahlte, die Pizza-story hätte sicher kein gutes Ende genommen. Warum die P-1-Show schließlich nach einem Dreivierteljahr abgesetzt wurde, konnten wir nachträglich nicht mehr erfahren. Vielleicht lag es auch an unserem *Stüberl-Report*, bei dem wir in der *P-1-Radioshow* brauchbare Tipps über ausgefallene Sexpraktiken für junge Frauen in der Ehe gaben.

Von Profikillern und anderen Superstars

Der Typ im schwarzen Anzug war schon öfters gekommen. Er kreuzte immer nach zwölf an der Tür auf, wenn der Laden langsam voll wurde. Jedes Mal war er allein unterwegs und ich hatte es ihm immer wieder gesagt: »Sorry, du kommst hier nicht rein, du bist kein Stammgast.« Es war das fünfte oder sechste Mal, glaube ich, dass er es wieder versuchte, als er mich mit einem Blick ansah, dass ich mir fast in die Hosen gemacht hätte. Ich muss dazusagen, dass es in meiner ganzen Zeit als Türsteher immer wieder Momente gab, in denen ich einfach Schiss hatte. Die Angst vor einem Irren oder einer Schlägerei ist zwar dauerpräsent, aber beherrschbar, denn sonst hätte man den Respekt vor dem Gegenüber verloren. Als Türsteher spielt man mit den Gegensätzen. Es ist zwar ein unvergleichliches Machtgefühl, das einen befällt, wenn man über Freud und Leid der Nachtschwärmer entscheidet. Na ja, ganz so schlimm ist es aber weder für den Türsteher noch für den Gast, es geht ja schließlich um nichts – also um nichts Existenzielles. Einzig auf die Stimmung wirkt es sich aus; sie ist gut, wenn man rein darf, und sie ist schlecht, wenn man draußen bleiben muss. Für den Türsteher spielt das keine Rolle, weil er so oder so nichts davon hat. Schließlich ging es mir vor meiner Zeit als Türsteher genauso: Damals kam ich ebenfalls nicht rein und jetzt stehe ich hinter der Tür und darf auch nicht auf die Tanzfläche. Ein jammervoller Zustand.

Der Typ im schwarzen Anzug aber – seine schwarzen, kurz geschnittenen Haare waren mit tonnenweise Vaseline nach hinten geklatscht – musste nur einmal die Augen zusammenkneifen wie Charles Bronson und man wusste, der Mann konnte auch rot sehen. Er war irgendwo in den Vierzigern, nicht zu klein und sehr gut gebaut, und wahrscheinlich hatte er mehrere Schuss- und Stichwunden aus diversen Auseinandersetzungen davongetragen, war aber immer als Sieger vom Platz gegangen. Das sah man ihm an. Vermutlich duldete er ums Verrecken keine Niederlage. Nein, so einen Typen kann man nicht einfach vor der Tür stehen lassen, außer man hat die Figur eines Golems und die Schlagfertigkeit von Jackie Chan. Mein »Charles Bronson« aber hatte eine Kanone. Und zwar eine ganz große, eine 44er Magnum. Also, es stand schlecht für mich und es war glasklar, dass ich spätestens nach zehn Minuten mit gebrochenen Knochen auf dem Weg ins Krankenhaus sein würde, wenn ich ihn noch mal abblitzen ließe. Und ich muss ehrlich zugeben, zum Abtreten fühlte ich mich echt noch zu jung.

Die dicke Wölbung unter seinem Sakko konnte ich gut erkennen, als er sich nach vorne beugte und auf mich zukam. Eigentlich interessierte es mich einen Scheißdreck, was er mir zuflüstern wollte, ich war vielmehr damit beschäftigt, mir eine taktisch kluge Strategie auszudenken, wie ich aus der Nummer ungeschoren rauskommen könnte. Nötigenfalls gab es doch tausend Momente, in denen man seine Meinung änderte, sofern die Argumente schlagkräftig genug waren. Man fühlte sich überzeugt, und nein, überhaupt nicht gezwungen, seine Entscheidung über den Haufen zu werfen und das Gegenteil zu behaupten.

Ähnlich war der harmlose Fall einer Burschenclique aus einer Schwabinger Studenten-WG gelagert. Die fünf Jungs hatten sich die Woche zuvor gleich zwei- oder dreimal die Ansage »Nur für Stammgäste« bei mir abgeholt. Obwohl sie eigentlich ganz nett waren und lustige Argumente brachten, waren sie nun mal wirklich keine Augenweide mit ihren Trevira-Hosen und den geschniegelten Ausgehschuhen. Sie hatten sich schwer ins Zeug gelegt und entweder eigens neue Klamotten gekauft oder waren heim zu Mama gefahren, um den verstaubten Kommunionsanzug zu reaktivieren. Stefan, der Langzeit-BWL-Student, war mit seinem orangefarbenen Käfer, Baujahr 1973, sogar bis nach Passau zu seinen Eltern gefahren, um seine grauen Anzughosen von der Mama aufbügeln zu lassen. Das P-1-Klischee, das ihnen nicht unbekannt war, gab schließlich den eleganten Gentleman im Anzug und die Lady im kurzen Schwarzen vor, und diesem Klischee wollten sie nicht unbedingt mit Jogginghosen und Sweatshirt zuwiderhandeln. Umso deutlicher war die Verwirrung in ihren Gesichtern abzulesen, als ich sie aufklärte, dass die Abfuhr doch etwas mit ihrer Verkleidung zu tun haben könnte. Traurig und erschöpft zogen die schicken Herren von dannen, doch ihr innerer Drang, die Tür des P 1 zu erstürmen, war noch nicht gebrochen. Schleunigst riefen sie einen Stammgasttisch ins Leben und entwickelten Strategien, wie die Tür zu bezwingen sei. Am Samstag sah ich die Jungs schon von Weitem auf die Tür zukommen. Irgendwie wunderte ich mich noch kurz über die Farbe ihrer Klamotten und dass sie noch was Größeres, Längliches dabeihatten, dann musste ich mich wieder um die anderen Leute vor der Tür kümmern. Der Trupp aus etwa fünfzig Wartenden teilte sich plötzlich und aus der Mitte kam – ich konnte es nicht wirklich glauben, ich wollte es gar nicht sehen – ein Nackter, ja, der Junge war splitterfasernackt. Ich war so einiges gewöhnt an der Tür und einmal ließen wir fünfzig Japaner, mit Trenchcoats, Hüten und Fotoapparaten bewaffnet, in den vollen Samstagabend rein. Als vorbildliches Beispiel für Völkerverständigung hätten wir sicher einen Ehren-Bambi verdient gehabt! Dann standen sie mitten auf der Tanzfläche und fotografierten, was ihnen im P 1 vor die Linse kam.

Der erste Nackte war einigermaßen verdaut, da kamen doch glatt die anderen vier WGler hinterher, und auch sie präsentierten ihre durchwegs mittelmäßigen Körper in natura, unverhüllt, völlig entblößt. Jetzt musste man sich das vorstellen, etwa fünfzig Menschen in Mänteln und Jacken standen bei lausigem Februarwetter um die null Grad vor der P-1-Tür und mitten unter ihnen fünf Kerle, nackt, wie Gott sie schuf: Es hatte etwas von einem grotesken Trauerspiel. Vom Akt der Jungs war ich noch nicht richtig überzeugt, um Tor und Tür für die Nudisten aufzureißen, da holten sie flugs einen dicken, dunklen Baumstamm hervor. Noch stand ich auf der Leitung, aber als Stefan nach vorne trat, klärte er auch den Langsamsten unter uns auf. Er deutete auf den Baum. »Das ist der Stamm«, sagte er, »und wir, wir sind die Gäste.« Darauf folgte so eine Situation, die man von schlechten Witzeerzählern kennt: Die Pointe ist raus und kein Mensch lacht. Nachdem es zehn Sekunden mucksmäuschenstill gewesen war, fuhr ich fort mit Nichtssagen und sah rüber zu den Entblößten, die darum baten, den Stamm ablegen zu dürfen, denn der alte Baum war unseren Naturburschen einfach zu schwer geworden. Jetzt musste auch ich schmunzeln und schaltete die Ampel von Rot auf Grün. So änderte man doch gerne seine Meinung, da passierte wenigstens was, und wir alle hatten mit unseren Enthüllten noch die ganze Nacht mächtigen Spaß auf der Tanzfläche vom P 1.

Die Sache mit »Charles Bronson« ging dann leider nicht so amüsant weiter. Er hatte mir ein paar unverständliche

Worte ins Ohr genuschelt. Ich konnte sein billiges Rasierwasser riechen, als er ganz nah an mich heranrückte und sein Pistolenhalfter unter dem Jackett an meine Rippen presste. In diesem Moment änderte ich meine Meinung über ihn. Ich fand ihn nun extrem nett und gut aussehend, und ganz sicher war er kein böser Mensch, von seiner Knarre mal abgesehen. Neue Erkenntnis: Du kommst als Fremder und gehst als Freund. War doch besser so.

Ich saß mit Kurt an der Tür, wir unterhielten uns über irgendwas, weil an jenem Dienstag im Winter nicht viel los war. Es war eiskalt, darum trank ich heißen schwarzen Tee, der wie Fusel schmeckte, nur noch schlimmer. Dann gesellte sich Gianni zu uns, es war schon nach zwölf und noch stand keiner an seiner Kaffeebar. Normalerweise trafen sich zumindest ein paar vereinzelte Kellner oder Barkeeper, die in ihrer Pinte Schluss hatten, auf einen Absacker-Espresso bei Gianni. Das war so eine Gastrosache und man hörte immer den neuesten Gossip aus der Branche.

Am Wochenende hatte es so eine Geschichte gegeben: Ein verrückter Bruder saß im Yoga-Lotussitz oben im Wipfel der Edeltanne, die unten vom Englischen Garten bis weit über die Terrasse des P 1 ragte. Erst dachten alle, es wäre ein großer Baumbär – was zur Hölle aber ist ein Baumbär? –, weil der Tannenmann eine dunkelbraune Strickjacke anhatte. Dann machte er komische Geräusche. Gurrr, gurrr. Uns war sofort klar: Das ist eine Performance und was für eine! Wahrscheinlich ein Liveact eines hochgejubelten Aktionskünstlers oder so. Letztendlich stellte sich heraus, dass es der gramgebeugte Kneipenwirt Tscharly von gegenüber war, der seinen Nihilismus damit auslebte, eine depressive Taube in der Tanne vor dem P 1 darzustellen. Den Drang zum Fliegen unterdrückte er zum Glück. Nach sechs Stunden stieg er unverletzt von seiner Tanne und genehmigte sich an Theos Bar gleich mal ein paar Wodkas on the Rocks. Ein echter P-1-Stammgast eben.

Bei meinem dritten grässlichen Tee dachte ich über den Kerl im schwarzen Anzug nach. »Alles okay?«, fragte meine Lieblingsbarfrau Maike, und ich versicherte ihr, dass es mir, trotz des Tees, gutgehe. Alles, was Maike sprach, selbst wenn es eine Abfuhr wie »der Platz hier ist besetzt« oder »hau ab, Kleiner« war, klang in ihrer samtweichen Stimme wie ein Gedicht von Ringelnatz. Einen Augenblick später stand sie schon wieder an ihrer Bar. Es durfte nicht zu schwer sein, den »Charles Bronson« im Gewimmel zu finden. Als ich schon loswollte, um nach ihm zu sehen, tauchte er wie aus dem Nichts an Giannis Espressobar gegenüber der Tür auf. Mein Blick wanderte zu Alberto und seinen Kumpels, fünf Mann. Sie hatten von Theos Bar eine Flasche Wodka rüber zu Gianni geholt und feierten dort irgendwas. Alberto hatte eine der größten Pizzerien auf der Leopoldstraße von seinem Padrone geerbt; an guten Tagen hauten sie an die fünfhundert Pizzen raus. Wir hatten alle immer geglaubt, dass er

Garten der Lüste: Der Englische Garten

Dem Hirsch sei Dank! Bereits im 14. Jahrhundert hatten die bayerischen Herrscher mitten in der Stadt ein Hirschgehege angelegt. Im 17. Jahrhundert dann sollte es ein Volksgarten werden und so ließ Kurfürst Karl Theodor 1789 den öffentlichen Theodors-Park gestalten. Mithilfe des talentierten Gartenarchitekten Ludwig von Sckell hatte er eine unvergleichliche Parklandschaft im englischen Stil mitten – und das ist das eigentlich Besondere – in der Stadt erschaffen. Ganz im Sinne der damaligen Planer wird der Englische Garten heute frequentiert von Müßig- und Spaziergängern, Radfahrern, Sportlern, Selbstdarstellern sowie Biergartenbesuchern und Musikertalenten. Nicht zu vergessen die textilfreie Bewegung, die sich am Schwabinger Bach auf den beiden größten Liegewiesen niederließ. Die entblößten Sonnenanbeter trieben es damals so weit, dass sie den Eisbach hinunterschwammen, um dann splitterfasernackt mit der Tram Linie 20 von der Lerchenfeldstraße zurück zum Haus der Kunst zu fahren. »Fassen Sie mal einem Nackten in die Tasche«, dachten sich auch die Fahrkartenkontrolleure und ließen die blank gezogenen Badegäste nach anfänglichen Unterbindungsversuchen ziehen. Heute gehören die Nackerten vom Englischen Garten zum Münchner Alltag genauso wie die Surfer, die täglich bis tief in die Nacht auf Deutschlands einziger stehender Welle an der Prinzregentenstraße mit ihren Brettern die Wogen des Eisbachs reiten. Ja, der Englische Garten reißt sie alle mit!

ein Mafioso sei. Im P 1 aber machte er keine Anstalten, diesen Eindruck zu erwecken, obwohl er optisch perfekt in die Rolle eines Don gepasst hätte. Sein schwerer Rosshaarmantel hing ihm über den Schultern, die dunkle Krawatte war akkurat gebunden, und er trug einen schönen grauen Hut. Er hatte tatsächlich was vom späten Marlon Brando. Der Typ im schwarzen Anzug pirschte sich mittlerweile bis auf einen Meter an die Italiener ran; er hielt eine Espressotasse in der Hand und spreizte dabei den kleinen Finger ab. Irgendwas war da im Busch. Giannis Leidenschaft war es, Harmonie zu versprühen. Er machte den Clown für den »Bronson« und Alberto, sie sollten sich alle vergnügen an seiner Bar, sagte er immer. Alberto legte seinen Mantel auf einen Barhocker und drehte sich zu dem Typ mit dem schwarzen Anzug, dann sahen sie sich an, Auge in Auge, kein Blinzeln.

»Kennen wir uns?«, stutzte Alberto und der Anzugmann sagte: »Wir hatten schon mal miteinander zu tun.« – »Ja? Wo denn?«, fragte Alberto und er bekam die Antwort sofort: »In deinem Laden. Du wolltest mir damals etwas geben, was du aber leider nicht hattest.« Und Alberto: »Scusi, kann mich überhaupt nicht dran erinnern.« Die vier Mafiatypen von Alberto horchten jetzt auf, doch der durchdringende Blick des Anzugtypen sorgte auch bei ihnen dafür, dass sie sich erst mal wieder auf ihre Barhocker setzten. In diesem Moment griff er mit der rechten Hand in sein Jackett und holte die Pistole raus, eine Walther PPK, die mit der Lizenz zum Töten. Sie lag ruhig in seiner Hand, als er sie auf Alberto richtete. Im Nu war Alberto zur Salzsäure erstarrt und seine Kompagnons sprangen zu Gianni hinter die Theke, sodass der schiefe Turm aus Espressotassen mit großem Geklirre umkippte. Sofort sprangen Kurt und ich los und auf »Bronson« drauf. Unser Vorteil dabei war, dass er mit dem Rücken zu uns stand, und er war anscheinend so cool, dass er wusste, hinter ihm könnten Leute stehen, aber das schien ihm völlig schnuppe zu sein. Das Adrenalin pochte in meinen Schläfen, Kurt umfasste den Typen im schwarzen Anzug mit seinem linken Arm von hinten und versuchte, ihn in den Schwitzkasten zu nehmen. Währenddessen haute ihm Alberto mit einem Barhocker die Walther aus der Hand. »Steck die Knarre weg«, schrie irgendjemand, keiner hatte den vollen Durchblick und alle wollten nur noch raus. Nach ein paar Sekunden war unsere ganze Mannschaft da und es gab ein ansehnliches Gerangel. Alberto hatte seinen Hut verloren und er kroch auf allen vieren am Boden rum, um ihn wiederzubekommen. Shit, wir konnten den Typen im schwarzen Anzug nicht mehr finden. Er hatte sich Albertos Mantel übergeworfen, war in dem grandiosen Chaos abgetaucht und hintenrum zur Tür raus, ganz still und heimlich, wie ein lautloser Killer.

Im Nachhinein dachte ich drüber nach, dass ich fast keine Hemmungen gehabt hatte, den Gangster mit der Knarre anzuspringen. Richtig Schiss bekam ich erst, als ich beim Frühstück in der *Abendzeitung* las, dass in München gerade ein brutaler Auftragskiller aus Italien unterwegs sei. Neben dem Artikel war ein Phantombild abgedruckt. Er sah aus wie unser Anzugmann.

Als ich am nächsten Abend für den ersten Gast, ein überaus hübsches Mädchen, die schwere Eisentür öffnete, konnte ich einen leichten Schockzustand nicht verleugnen: Die vier großen schwarzen Jungs warfen ihre Schatten über den ganzen Laden und bevor ich ihnen etwas mitteilen konnte, egal was, schoben sie mich beiseite und quetschten sich jeweils zu zweit nebeneinander durch die Eingangstür. Dabei blieb der Rechte der ersten Beiden am Türrahmen hängen, weil natürlich zwei solche Riesenbrocken, jeder brachte bestimmt hundertfünfzig Kilo auf die Waage, niemals zusammen durch die Türe passten. Tapfer stellte sich Kurt ihnen in den Weg und versuchte, aus den Hünen herauszubekommen, was sie denn im P 1 suchen würden. Die Antwort blieben sie ihm natürlich schuldig und so wortkarg wie sie groß waren, stapften sie in den Hauptraum, ins Klo und auf den Balkon, sogar das Lager ließen sie sich von Biwak zeigen. Die Inspektoren vom Gewerbeaufsichtsamt sahen definitiv nicht so aus wie unsere vier Besucher hier. Die Intention ihrer Stippvisite war wohl eine andere. Immer noch waren wir nicht im Bilde, was hier eigentlich abging. Die Boys sahen bedrohlich und sehr stark aus, alle hatten sie diese langen Basketballshirts über ihren Jacken an und schwere Goldketten um den Hals, die eher aussahen wie monströse Vorhängeschlösser. Tatsächlich gab einer, vermutlich der Chef, nun einen Laut von sich, dass sie mit einem Künstler unterwegs wären und ob heute noch was los sei. »Natürlich«, erwiderte Kurt, »es wird noch gewaltig voll.« Jetzt hatten wir die Bescherung: Da kam offenbar ein Superstar ins Haus und die Bude war leer. Die vier Musketiere, vermutlich waren sie die Bodyguards, waren schon wieder abgehauen und schnellstens rief ich bei einer bekannten Münchner Modelagentur an, um noch ein paar Schönheiten anzuwerben, was hinsichtlich der Uhrzeit, es war kurz nach Mitternacht, kein einfaches Unterfangen werden sollte. Die schwierige Aufgabe der Bookerin, die ans Telefon ging, nachts noch ein paar Beautys zusammenzutrommeln, war ihr am Telefon nicht so richtig bewusst, wir mussten ihr dann aber versprechen, dass die Models ihre Drinks gratis bekommen würden. Jetzt bereute ich es fast schon, angerufen zu haben, wahrscheinlich kamen nun zweihundert Leute, die sich gratis wegsaufen wollten. Schließlich rutschten nach etwa einer halben Stunde Hanni und Nanni an, die beiden Model-Zwillinge, und sie hatten noch zehn Wahnsinnsfrauen im Schlepptau. Okay, vorbereitet waren wir nun, der Schampus stand kalt, der Laden war jungfräulich leer und die schönsten Girls der Stadt waren da. Wahrscheinlich war es dann irgendein in die Jahre gekommener, langweiliger Bock, den die vier Jungs hüteten, damit dieser in Ruhe seine Playmates casten konnte. Ich war sehr froh, dass wir eines Besseren belehrt wurden.

Um es auf den Punkt zu bringen: 1. Die vier Bodyguards waren kurz nach den Models wieder da. 2. Sie brachten noch mal zehn Leibwächter ähnlicher Statur und Ausstattung mit. 3. Sie waren in Begleitung von Jennifer Lopez und Puff Daddy.

Die beiden gaben damals ein wirklich schönes Paar ab, alle Gazetten waren voll mit der Lovestory zwischen dem charismatischen Rapstar und der bezaubernden Sängerin und Schauspielerin. Unrühmliches Highlight ihrer Beziehung war leider kein heißes Sexabenteuer, sondern eine fette Schießerei unter Gangstern in New York in – na, wo wohl? – natürlich in einer Diskothek. Schlechtes Omen für den heutigen Abend, dachte ich und malte mir schon im Kopf aus, wo wir am besten vor den umherfliegenden Geschossen Schutz suchen konnten. Ich wollte schon vor Jahren gern eine Pistole im P 1 haben, natürlich mit Waffenschein, Besitzkarte und dem ganzen Kram, aber daraus wurde nichts, schließlich waren wir ja nicht in der Bronx oder Down Town L.A., wo Schießereien zur Tagesordnung gehörten. Nachdem nun die Securities einen Platz auserkoren hatten, ließ sich die ganze Mannschaft in die tiefen Couches der VIP-Ecke fallen. Und es sah urkomisch aus, wie sich zehn riesengroße Bodyguards auf niedrige Sofas setzten und darin versanken, die Knie in Gesichtshöhe und überhaupt keine Ahnung, wo sie mit ihren dicken Armen hin sollten. J.Lo und Puffy hatten eine Kuschelcouch für sich, das Licht wurde gedimmt, und sie wünschten sich von unserem DJ Speedy Hip Hop und Rap. Als die ersten Töne von »Rappers Delight«, dem Rapklassiker der Sugarhill Gang erklangen, hielt es keinen mehr auf den Sitzen: »I said a hip, hop, the hippie, the hippie dibby hip hop hop and you don't stop.«

Die schöne Jennifer zog ihre knallroten Pumps aus und sprang barfuß auf dem Sofa auf und ab, während Daddy sich eine superfette Havanna anzündete und die Bodyguards sich abmühten, sich aus ihrer Couchfalle wieder hochzurappeln. Irgendeiner bestellte bei unserem Barmann Jonas Champagner und zwar gleich zwanzig Magnum-Flaschen. Auf eine Liquiditätsprüfung oder eine Anzahlung vor dem Ausschank hatten wir bei diesem Promibonus verzichtet. Das sollte uns noch leidtun. Wir waren im P 1 auf einiges gefasst, aber so einen Haufen

Magnum-Flaschen hatten wir auch nicht auf Lager, also tigerte ich los und schnorrte mir in den anderen Läden der Stadt den Schampus zusammen. Im Park Café und im Namenlos hatte ich kein Glück, also fuhr ich ins Freudenhaus zum Berliner Hans. Vor langer Zeit schon hatte er mir ein Angebot gemacht: »Wenn du ein Problem hast, Jung, dann kommste zu mir, der Papa richtet dat dann eben mal.« Ich war mir sicher, dass man sich auf diese Worte blind verlassen konnte.

Aber eigentlich sollte man mit Zuhältern keine Geschäfte machen und selbstredend wollte der Berliner Hans für den Schampus gerne Bares sehen. Natürlich hatte ich keine tausend Kröten dabei, also musste ich zum nächsten Geldautomaten, um die Flaschen bezahlen zu können, was sich in der zentralen Münchner Rotlichtmeile nicht ganz einfach gestaltete. Einerseits fand man hier in jeder dunklen Ecke willige Straßenhuren und geifernde Freier herumstolpern, die hätte ich nur ungern gefragt, ob sie mir ein bisschen Knete leihen könnten. An einer Hauswand fand ich einen Geldautomaten, allerdings hatte ich nur meine private Bankkarte dabei, und die hatte höchstens noch fünfhundert Mark Spiel auf dem Dispo. Ich ging also mit den Scheinen, meinen letzten Moneten, zurück zum Berliner Hans, dafür bekam ich die Flaschen. Geschuldet hatte ich ihm dann noch zweihundert, und ich fühlte mich nicht gerade wohl, Schulden bei dem größten Münchner Luden zu haben. Wahrscheinlich kamen gleich morgen schon die beiden Geldeintreiber Oleg und Boleg ins P 1; sie hatten dem Berliner Hans immer gebracht, was er wollte.

Die Party geriet immer mehr zur Riesensause. Es war sehr lustig anzusehen, wie die Bodyguards die kleinen Modelmädchen Huckepack nahmen und mit ihnen so quer durch den Laden sprangen. Fast wie die Girls vom Moulin Rouge in Paris standen die schwarzen Giganten in einer Reihe und schmissen ihre Beine nach vorne, erst das Rechte, dann das Linke. Zwischendrin hüpfte Puff Daddy wie ein Gummiball umher und angelte sich gleich zwei Flaschen der Luxusbrause, schüttelte sie und verspritzte den Champagner mitten in die Garde seiner Gang. Ich konnte nicht genau abschätzen, ob die Boys es guthießen, dass ihr Daddy sie mit klebrigem Champagner übergoss, aber sie ließen es über sich ergehen; dabei lief ihnen der Saft übers Gesicht in die Augen. Es brennt höllisch, wenn man Schampus in die Augen kriegt, außerdem stinkt man später wie ein vollgekotzter alter Teppich. Auf der Tanzfläche wurde es langsam glitschig und die großen Jungs hatten alle Mühe, sich nicht vollends auf die Schnauze zu legen. Es sah ein wenig so aus, als würde eine schwarze Gang im Eisstadion das erste Mal zum Schlittschuhlaufen gehen. Natürlich warteten alle darauf, dass J.Lo zum Mikrofon griff und irgendeinen Song zum Besten gab. Aber es war Daddy, der eine sonderliche Version von »Every Breath you take« anstimmte. Alle Anwesenden wurden regelrecht tollwütig. Da hörte man doch gerne drüber weg, dass er fast keinen richtigen Ton rausbrachte. Musste wohl am Mikro gelegen haben.

Gegen halb vier blies Daddy zum Aufbruch. Alles wuselte rum, jeder versuchte seine Klamotten zu finden, die Sofas sahen aus wie die Wühltische in der Daunenanorak-Abteilung im Kaufhaus. Als hätten sie es vorher geprobt, gingen zwei Jungs zu Jennifer, hakten sie unter, und ein weiterer half Puffy in seinen weißen Fellmantel. Dann ging auch er in Richtung Ausgang. Ruckzuck waren die beiden aus dem Laden und vor dem Ausgang baute sich eine Mauer aus Männern auf, damit auch wirklich keiner hinterher kam. Einer, der von Berufs wegen hinterher musste, war Jonas – mit der Rechnung nämlich. Wie beim Rugby das Ei, hatte er die Rechnung in der Hand und lief selbstmörderisch gegen die menschliche Wand. Der Typ in der Mitte – er war sicher um die zweizwanzig groß und hatte massig Ringe an Ohren und Fingern – streckte Jonas die offene Hand entgegen, so nach dem Motto: Komm bloß nicht näher! Die Rechnung machte fast zehntausend Mark aus und Jonas wusste nicht wirklich, wie er das diesem Riesen erklären sollte. Schließlich hielt er ihm die Rechnung einfach vors Gesicht. Lesen würde der Riese ja wohl können. »I don't pay for it«, waren die letzten Worte, an die sich Jonas noch erinnern konnte, bevor er in hohem Bogen über den Garderobentresen in die Kleiderbügel flog. Ein paar Sekunden war er wie weggetreten, dann zog er sich ächzend an der Kleidertheke hoch und lugte über die Barplatte.

Schweigen. Er war allein im Gang zur Garderobe und die ganze Mischpoke war geflohen. »There's no biz like show-biz!«

Ich kam gerade um die Ecke gepest, als Jonas kniend auf dem Eingangsteppich umherkrabbelte und die Rechnung suchte, die ihm bei seinem Seitensprung aus der Hand gefallen war. Völlig gefrustet, mit toten Augen und leerem Geldbeutel, sinnierte er vor sich hin. »Was ist denn los?«, fragte ich ihn, als ich mich zu ihm runterbeugte. »Nichts ist los!«, sagte Jonas, »nichts!« Dabei hielt er die zerknitterte Rechnung in der Hand, die er Sekunden zuvor zwischen dem Absatz am Ausgang und dem kackbraunen Teppich gefunden hatte. »Sie sind weg, oder?« Ich hatte es irgendwie vorhin beim Pinkeln gespürt, dass es Ärger geben würde. Auf dem Klo bekam ich immer irgendwelche Eingebungen, die Vorahnung musste also etwas mit meinem Harndrang zu tun haben. »Ja, sie sind einfach weg«, schluchzte Jonas und übergab mir willenlos den Rechnungsbeleg. Ich also zum Telefon gerannt und die erstbesten Luxushotels angerufen. Vier Jahreszeiten? Niente. Hotel Rafael? Nein. Im Bayerischen Hof schien ich Glück zu haben, den Concierge kannte ich aus dem P 1, und er steckte mir, dass Jennifer Lopez und Puff Daddy für die ganze Entourage den kompletten dritten Stock gemietet hatten, an die dreißig Zimmer. Also schnappte ich mir Theo und flitzte mit ihm runter zu meinem R 4, den ich auf dem breiten Gehsteig vor dem Haus der Kunst abgestellt hatte.

Der Motor knatterte und knarzte und nach etwa zehn Versuchen sprang er endlich an. Ich lenkte die Rennsemmel quer über die Prinzregentenstraße rüber zur Einfahrt in den Altstadttunnel. Dabei kam mir ein blauer Kombi entgegen – okay, eigentlich war ich es, der ihm entgegenkam. Wir befanden uns gerade auf der Gegenfahrbahn. Theo hielt sich die Augen zu, als ich etwas ungestüm, aber ohne schlimmere Verluste, über den Mittelstreifen wieder auf die richtige Spur wechselte. Nach fünf Minuten waren wir am Promenadeplatz vor dem Hotel Bayerischer Hof angekommen. Hier stiegen sie alle ab, die Stones oder Michael Jackson, und Pete Townshend von The Who zerstörte gerne mal die ganze Inneneinrichtung einer Luxussuite. Der livrierte Doorman staunte nicht schlecht, als um vier Uhr morgens vor seinem Hotel ein klappriger R 4 hielt und zwei Freaks ausstiegen. »Guten Morgen, die Herren«, schallte es uns freundlich entgegen. »Ist Urs da?«, fragte ich ihn. »Ja, vorne an der Rezeption«, sagte er und zeigte auf den Concierge. Die Begrüßung zwischen Urs und mir war kurz und schmerzlos, ich steckte ihm einen Zwanziger zu und dann waren wir auch schon im Lift nach oben. Als wir aus dem Aufzug stiegen, war der Hotelflur im dritten Stock menschenleer, im Hintergrund hörten wir das dumpfe Bass-Gewummer von irgendwelchen Hip Hop-Classics und gleich aus der ersten Türe konnten wir ein lautes Gekreische vernehmen. Hier war es! In dieser Gesellschaft musst du eine Klopfkombination haben – einmal lang, zweimal kurz, einmal lang, zweimal kurz –, dann machten sie bestimmt sofort auf. Aber nichts tat sich. Als wir schon die nächste Tür angehen wollten, schlug diese auf und eines dieser kleinen Models sprang uns in Slip und Top entgegen, dabei kicherte sie so, als würde sie mit dem Typen hinter ihr Ringelpietz mit Anfassen spielen. Es war zu spät, um uns vor dem Goldzahn-Riesen zu verstecken, der hinter der Modelmaus herjagte. Als er uns sah, ging er auf wie die Blüte einer fleischfressenden Regenbogenpflanze. Er brüllte irgendwas Unverständliches ins Zimmer, als ob dieser Typ für uns zwei Lullen auch noch Verstärkung bräuchte, dann kam Maier aus der Tür, und er staunte nicht schlecht, als er mich sah. »Was zum Teufel machst du denn hier?« Ich kannte Maier schon lange, wir hatten uns damals im P 1 bei der Party von Bananarama kennengelernt. Er hatte auch einen Vornamen, aber den benutzte kein Mensch. Als Area-Manager einer der größten Plattenfirmen Europas war er immer *on the road* und wenn mal ein paar Stars in München waren, dann schaute er bei uns mit ihnen vorbei.

Der letzte Besuch im P 1 ein paar Wochen zuvor war ihm immer noch peinlich. Eines Abends kam er mit dem Topmodel Naomi Campbell und dem Flamenco-Superstar Joaquín Cortés ins P 1. Maier war nach der Galavorstellung von Cortés im Münchner Kulturzentrum Gasteig der Einzige vom Management, der mitgekommen war. Cortés wollte überhaupt keine Bodyguards dabeihaben, wenn sie ausgingen, und darum hatte er sich lauthals mit

Naomi gestritten. Deshalb musste nun Maier dran glauben und den Babysitter spielen: Taxi rufen, Drinks bestellen, Zimmer aufsperren und den ganzen Mist, den so eine Diva wie Miss Campbell braucht, um zu überleben. Campbell und Cortés suchten sich im P 1 sofort ein lauschiges Eckchen und kuschelten sich in die lange Couch neben den Schließfächern an der Getränkeausgabe. Als Maier sich neben der Couch an die Wand lehnte, begannen Campbell und Cortés wie wild miteinander rumzuknutschen. Ineinander verknotet, ließen sie nicht voneinander ab, ihre Lippen schienen regelrecht ineinander verklebt zu sein, und ihre Hände suchten sich Stellen aus, die es in der Öffentlichkeit normalerweise nie zu sehen gab. Bevor sich unser Liebespärchen nun auf dem abgefieselten Ledersofa in die Waagrechte zu begeben beabsichtigte, zogen sie die Reißleine und wollten los. Maier erschrak richtig, als Cortés ihn anherrschte, den Wagen vorfahren zu lassen. Und bevor ich mit Maier noch ein paar Worte wechseln konnte, zum Beispiel »Wer bezahlt die Rechnung?«, waren die drei raus aus dem P 1 und im Dunkel der Nacht verschwunden. Eine Flasche Gin und zig sonstige Getränke standen auf dem kleinen Tischchen vor der Sitzecke. Natürlich hatte auch diesmal keiner bezahlt. Mensch, Maier.

Irgendwie war ich froh, ihn hier auf dem Gang vor den Zimmern zu treffen, den Maier. Immerhin bewahrte er uns davor, dass uns einer der Bodyguards durchs Fenster aus dem dritten Stock auf den Vorplatz des Hotels warf. Und andererseits hatte ich vielleicht eine klitzekleine Chance, die Kohle für den Champagner zu kassieren. Natürlich hatte Maier keine zehntausend Mark dabei. Ich ließ mir also den zerknitterten Beleg von ihm unterschreiben und setzte gleich noch die Rechnung von Cortés und Campbell oben drauf. Dann sollte ich alles zusammen in sein Büro schicken, sie würden dann den gesamten Betrag auf unser Konto überweisen. Wer's glaubt, wird selig. Es dauerte über drei Monate, bis das Geld für die Schampusorgie von Jennifer Lopez und Puff Daddy kam. Die Flasche Gin ist heute noch offen.

Ärger im Paradies

In Südostasien war das P 1 ganz groß. Das verdankten wir einer Geschichte, die jeder kennt: Deutschlands berühmtester Kicker lernte die süße Barfrau im P 1 kennen und fing mit ihr ein Techtelmechtel an – die Lovestory ging wie ein Lauffeuer um den Erdball. Seitdem unser Mann auf dem Rasen wegen seiner herausragenden Leistungen und einer überdimensionalen Werbekampagne in Asien und dem Rest der Welt zum Megastar aufstieg, hatte sich das P-1-Schild an der Prinzregentenstraße bei asiatischen und internationalen Touristen zum beliebtesten Fotomotiv auf den Münchner Stadtrundfahrten gemausert. Und weil eben alle diese Story kennen: kein Wort mehr drüber!

Der Sportler an sich mochte das P 1 immer sehr. Es gab die bekannten Fußballer, Radrennprofis, Tenniscracks, Rennfahrer und natürlich die Spielerfrauen, die oft und gerne vorbeischauten. Die Sportler sorgten auch öfters für Schlagzeilen in den Münchner Tageszeitungen, da watschte schon mal ein launischer Kicker Gäste ab, weil sie aus Versehen seinen Tisch besetzten, weltbekannten Formel-1-Fahrern war die Poleposition im VIP-Bereich des P 1 wichtiger als diejenige auf der Rennstrecke, und Heiner Lauterbach lernte hier seine Zukünftige kennen. Hunderte solcher Storys passierten Woche für Woche; anscheinend hatte der Laden eine nicht zu erklärende Magnetwirkung auf bekannte Persönlichkeiten und alle, die sich dafür hielten. Denn die Drinks schmeckten wie überall, und die Barkeeper waren – sorry, Jungs! – auch nicht hübscher als anderswo. Es war diese Aura, eine nahezu unwirkliche Atmosphäre, einmal in einer anderen Welt, gleichsam im Paradies, zu feiern, raus aus dem schnöden *daily business* und weit weg von den Alltagssorgen. An manchen Abenden ließen sich die Leute so gehen, als wären sie auf einer Party in einem FKK-Saunaclub. Carlo war so einer; er reizte die Grenze des Machbaren aus. Eines Abends kreuzte er im hautengen Ganzkörperkondom aus pechschwarzem Gummi mit einem Staubsauger auf, den er hinter sich herzog, und den er Bodo rief. Er verzog sich gleich in die letzte Ecke hinter der Big Bar. Dort wartete seine devote Sexsklavin Mira bereits auf ihn, eingeschnürt in ein eigenartiges Hosenträgersystem aus Latex, das gerade mal ihre Brustwarzen verdeckte, und gepresst in eine knautschlederne Hotpants mit, ja wirklich, einem offenen Schlitz zwischen ihren Beinen. Zur Begrüßung beglückte sie Carlo (oder war es Bodo?) mit einem *golden shower*.

Die Big Bar schien eine gewisse Anziehungskraft auf den Harndrang affiner Pinkelfreaks auszuüben, es war der gleiche Platz, an dem schon Helmut Berger seine Geruchsmarke hinterlassen hatte. Berger war damals durch Viscontis Film *Ludwig II.* zu Weltruhm gelangt. Zum Glück aber benutzten die meisten Leute die Toilette, wenn sie mussten.

Ich staunte oft selbst über die Macht des P 1, die es auf Promis und andere Nachtschattengewächse auszuüben vermochte. Eines lauen Sommerabends wurde ich auf die Terrasse gerufen – die Hollywoodschaukel sei zusammengebrochen. Ich dachte noch, schade, die hatte doch erst ein paar Tage zuvor ihr Debüt im P-1-Garten hinter sich. Der Typ, der mit der Schaukel runtergekracht war, stand daneben, als wollte er Erste Hilfe leisten wie bei einem Unfallopfer. Amerikaner oder so, die sind halt unglaublich hilfsbereit. Als ich die zwei Schrauben für die Kettenaufhängung wieder reingedreht hatte, bedankte er sich artig. Dann setzte sich Leonardo DiCaprio wieder hin und fing an, die Hollywoodschaukel noch mal in Schwung zu bringen.

Seltsamerweise standen donnerstags die meisten Leute vor der Tür. Über viele Jahre bis in die späten Neunziger war dies die Nacht der Nächte. Alle liebten es, am Donnerstag auszugehen, es waren die schärfsten Hasen unterwegs, und die Typen hatten Spendierhosen an. Donnerstags legte Rocco im P 1 auf. Kurt hatte ihn zum ersten Mal in der Disco am Frankfurter Flughafen gehört und ließ ihn später fürs Auflegen von Dienstag bis Donnerstag einfliegen. Ich hatte mich schwer gewundert, dass es in München keinen DJ geben sollte, der die Tage unter der Woche genauso gut wie Rocco auflegen konnte. Doch brauchte er an seinem ersten Donnerstagabend nur zwei Songs, um uns alle davon zu überzeugen, warum ihm die Geschäftsführung eine Miles-and-more-Karte auf P-1-Kosten zugestanden hatte. Es war seine Musikauswahl, die uns magisch in seinen Bann zog, er hatte die Kunst drauf, Lieder zu spielen, die jeder geil fand, obwohl man sie nicht kannte. Sie hatten Rhythmus und Melodie, alte Sachen aus den Sechzigern genauso wie die neuesten Bootlegs von DJs und Musikproduzenten aus London und New York. Er hatte die Connections, an solche Dinger ranzukommen und am Donnerstag packte er sie alle aus seinem zerbeulten Plattenkoffer. Teilweise waren die Scheiben so alt und oft gelaufen, dass er sie nur noch nass abspielen konnte. Dazu nahm er eine Serviette und tunkte sie in Wodka; das war zwar für die Platten beschissen und der Tonkopf verklebte irgendwann, aber der Sound war astrein. Den Rest des Wodkas, den er für die Scheiben nicht brauchte, trank er aus. Jeden Abend eine Flasche.

Roccos beste Songs – 1984 bis 1995 im P 1:

»Ma foom bay« von Cultural Vibe
»Jibaro« von Elkin & Nelson
»A man's gotta do what a man's gotta do« von The 7A3

»I didn't mean to turn you on« (Maxi-Single-Mix) von
    Robert Palmer
»Jojo« von Boz Scaggs
»Who needs enemies?« des Montana Sextets
»Throughout your years« von Kurtis Blow
»Super Freak« (Maxi-Single-Version) von Rick James
»It's ecstasy when you lay down next to me« von
    Barry White
»Funky Nassau« von The Beginning of the End

Rocco war außergewöhnlich. Er hatte bestimmt hundertzwanzig Kilogramm auf den Rippen und seine zotteli-
gen Haare ließ er oft wochenlang ungewaschen; bei der
Wahl zum *sexiest DJ alive* hätte er wahrscheinlich nicht
einen der vorderen Plätze belegt. Wirklich außergewöhnlich war Roccos Freundin Kaya. Sie hatte rotbraune lange
Haare, einen Hammerbody und Augenränder wie Nastassja Kinski. Mir war nicht ganz klar, ob Rocco wirklich
wusste, dass sie ein Vamp war, eine echte Nymphoma-
nin, die sich ein schräges Abenteuer nach dem anderen
gönnte. Schließlich war Rocco zwanzig Stunden am Tag
out of order; bis er ins Bett kam, war es zehn Uhr morgens,
und aufgestanden ist er meist erst abends um acht. Man
konnte an fünf Fingern abzählen, dass es der liebestollen
Kaya nach ein paar Wochen schnell zu öde wurde. Nachmittags bin ich extra in Ludwigs Sportsclub gefahren, dem
angesagten Fitnessstudio in der Maxvorstadt, weil Kaya
dort trainierte.

Ich hatte mich hinter meinem Stemmgerät versteckt, damit ich besonders gut sehen konnte, wie Kaya ihre Beinmuskeln oder was weiß ich auf einer Schaumgummimatte trainierte. Bei jeder Auf- oder Ab-Bewegung sah es so aus, als würde gleich ihre hautenge weiße Trainingshose platzen wie ein zu voll gepumpter Fahrradschlauch. Ich konnte mich nicht dazu durchringen, weiter zu trainieren, als der frische Schweiß ihr hauchdünnes Top durchnässte. »Kommst du mit in die Sauna?«, rief sie zu mir rüber. Und ich: »Äh, eigentlich, na ja, okay, in fünf Minuten bin ich da!« Natürlich ging ich unten ohne. Kaya lag auf der mittleren Holzbank und hatte das rechte Bein angewinkelt, mit der linken flachen Hand schlug sie auf die freie Bank über sich und bedeutete mir, dass ich mich dort hinfläzen sollte. Beim letzten Saunagang war mir auf der oberen Bank beim Aufguss ganz schnell schwindlig geworden, doch dieses Risiko war es mir diesmal wert.

Ihren Venushügel zierte eine aalglatte Bikinizone mit einem Brasilian Landing Strip. Sie spreizte leicht ihre Schenkel und ließ das rechte Bein auf die unterste Bank hängen. Diese Position erlaubte mir eine ungehinderte Sicht in ihr sexuelles Innerstes und eine leichte Feuchtigkeit schien nicht ausgeschlossen zu sein. Langsam, aber auf direktem Weg schob sie ihre linke Hand in meine Lendengegend. Ich versuchte noch, meine aufsteigende Erregung zwischen meine Oberschenkel einzuklemmen, was mir aufgrund der bereits fortgeschrittenen Größe nicht wirklich gelingen wollte. Ihre Finger suchten und fanden ihren Weg, hielten inne und formten sich um die immer noch weiter wachsende Beute zu einer Faust. Natürlich war ich spitz auf sie, aber ich musste zugeben, die zukünftige Braut unseres DJs um drei Uhr nachmittags in der gemischten Sauna von Ludwigs Sportsclub zu vögeln, da musstest du schon ziemlich abgewichst sein und ein klassischer Handjob bei 90 Grad auf der obersten Saunabank würde als besonders heiße Nummer eher einen Hitzschlag als einen Cumshot bewirken. Als sie mit der Handarbeit loslegen wollte, hielt ich den Atem an und wollte mich gerade von ihr wegdrehen, dann schlug die schmale Tür auf und es kam irgendein pudelnackter Schmalhans mit drei Tussen rein, die sich laut lachend um uns herum setzten. Sie hatten zum Glück nichts von unserer Situation mitbekommen und der Dünnbrettbohrer schnappte sich sein Spidermanhandtuch und schleuderte den frischen Eukalyptusaufguss bis an die Saunadecke, sodass mir beim Einatmen fast die Penne arrabbiata von heute Mittag wieder hochgekommen wären. Obwohl wir uns im P 1 noch oft sahen, würdigte mich Kaya keines Blickes mehr.

Seit einiger Zeit hatten wir schon donnerstags hüfthohe Absperrgitter aufgestellt, um eine Gasse für die Gehenden und eine Gasse für die Ankommenden zu bilden, damit sie sich in einer Reihe anstellen konnten. Doch meistens – neulich waren es an die hundert Leute vor dem

P 1 – klappte das nicht. Die Leute bildeten schon ab Mitternacht einen fetten Pulk vor dem Eingang, der sich zwar behäbig, aber doch flexibel wie ein Schwarm Lachse im Wildwasserbach bewegte. Ohne jetzt Assoziationen zum Heiligen Petrus, dem Türsteher des Himmels und Schutzheiligen der Fischer, wecken zu wollen, wie zum Teufel sollte ich da die Stammgäste oder die richtigen Leute, die gut reinpassten, rausfischen? Es war alles vertreten: Schnauzbart, Vollbart, Damenbart, eine Zwei-Meter-Primadonna und Yuri, der Kleinwüchsige, Models und Dressmen, Eltern, Großeltern, Enkelkinder, ein Rabbiner und der Dorfpastor aus dem Münchner Süden, Transvestiten, Millionäre und auch ein Milliardär, Dealer und Kripoleute, einfache Menschen, komplizierte Menschen, kaputte Menschen, die schönsten Mädchen und – unsere Putzfrau, der es leider immer wieder gelang, sich unvorteilhaft erscheinen zu lassen. Man möge es mir nachsehen, aber wenn ich die Augen zusammenkniff, kamen sie mir alle vor wie Gespenster aus einem Horrorfilm.

Ich muss zugeben, ich kannte höchstens zwanzig Prozent der Leute. In der Mitte des Schwarms entdeckte ich Sharon und Moni direkt hinter einer Clique, die Junggesellenabschied feierte. Der künftige Bräutigam hatte ein apfelgrünes Shirt an mit dem kongenialen Spruch drauf: »Bin ich schon drin?« Na, da wäre er doch besser daheim geblieben, als zu uns zu kommen. Mit meinem rechten Arm versuchte ich an Monis hochgehaltene Hand zu kommen, dann zog ich erst sie und darauf Sharon durch einen schmalen Gang, den die Leute netterweise gebildet hatten, zu mir her.

Ein abgefuckter Truman-Capote-Typ erreichte jetzt das letzte Absperrgitter vor der Tür. Er winkte mich zu sich. Er roch nach Whiskey und hatte einen Zigarettenstummel im rechten Mundwinkel, der schon vor Stunden ausgegangen sein musste. Er wollte mir was ins Ohr flüstern. Das ist so eine Sache, wenn sie dich zu sich herholen – beim Flüstern blieb ich daher mit meinem Ohr immer noch einen halben Meter weg, nicht dass er mir das Läppchen abbeißen würde oder so was. »Stehen schon seit einer Stunde hier«, sagte er. Ich konnte nur die Hälfte verstehen, weil er so undefinierbar nuschelte. »Die anderen, die sind viel zu klein, die kann keiner sehen«, stotterte er und japste dazwischen immer laut einatmend nach Luft. Ich konnte wirklich niemand sehen, und außerdem hatte ich die Namen nicht richtig verstanden. Und wenn es jemand Wichtiges gewesen wäre, dann hätten es die Buschtrommeln aus dem Menschenwald auch bis zu mir nach vorne getragen. Aber wer ist heutzutage schon wichtig? Jeder ist sein eigener Herr und entscheidet selbst über seinen Existenzstatus in der Welt voller Individualisten. Es wäre fatal und desaströs für den Einzelnen, die Spaß- und Feiererlaubnis nach dem Grad der Wichtigkeit zu erteilen. Mein alter Mathelehrer hätte jetzt schon wieder eine Wahrscheinlichkeitsrechnung aufgestellt, wer denn nun von den insgesamt 121 Leuten durch die Tür ins »Paradies« durfte und wer nicht. Der

Capote-Mann hatte nun genügend Luft geschnappt und versuchte, mir zu erklären, dass er zwei Superpromis dabei habe und die hätten hier im Pulk Riesenprobleme, weil sie so klein seien. Noch dazu habe er sich allein nach vorn gekämpft und die zwei einfach ihrem Schicksal überlassen. Ich stellte mir gerade vor, wie es sein mochte, wenn zwei Einsfünfzig-Typen wie Statler und Waldorf, die beiden Opas aus der *Muppet Show*, zwischen einer Dragqueen-Gang stehen, deren Mitglieder alle über einsneunzig waren? Schließlich wurde unsere nette Unterhaltung durch ein bitteres Teeniegekreische unterbrochen; entweder war sie unsittlich angefasst worden, oder sie hatte einen Star erkannt, was ihre Reaktion auch ausgelöst haben konnte.

Das Gekreische wurde jedoch von keinem Teenie ausgestoßen, sondern von einer Mittvierzigerin in einem grau-grün karierten Faltenrock. Sie trug eine Brille mit dicken Gläsern und hatte offenbar erst nach genauerem Hinsehen ihren Filmschwarm Danny DeVito direkt neben sich erkannt, den sie so wahnsinnig süß und knuffig fand, seit sie ihn 1975 in der Rolle des Martini in *Einer flog übers Kuckucksnest* gesehen hatte. Sie kippte ohnmächtig um, als neben Danny DeVito auch noch Dustin Hoffman auftauchte.

Ich half dem kleinen Danny DeVito über die Absperrung. Mein Türsteherkollege Jochen kniete sich neben ihn und richtete ihn auf, bis er wieder ganz auf den Beinen war. Inzwischen winkte Dustin Hoffman ganz auf-

geregt, weil er wohl dachte, er würde in der Menge uner-
kannt vergessen werden. Jetzt war auch der Capote-Mann
zu Jochen und mir gestoßen; er presste seine Beine gegen
das Gitter und beugte seinen kompletten Oberkörper im
Neunzig-Grad-Winkel in die Menschenmenge und streckte
dabei beide Arme nach Dustin Hoffman aus, und dieser
wiederum versuchte, die Arme des Capote-Mannes zu fassen zu bekommen. Dustin Hofffman ging in der Menge
jedoch wieder unter und man sah dem Capote-Mann an,
dass er sich jetzt lieber in der Hotelbar das Gehirn wegsaufen würde als vor einer Münchner Disco athletische
Verrenkungen zu vollführen, um seinen kleinen Schütz-
ling aus der Monster-Menschenmasse zu befreien. Endlich bekam er Hoffmans rechtes Handgelenk zu packen
und ein paar kräftige Jungs hoben Hoffman in die Höhe
und reichten ihn unter dem Applaus der Wartenden an
den Capote-Mann weiter. Dustin Hoffman war angekommen und die beiden Kleinen endlich wieder zusammen.

Maike zog die Augenbrauen hoch und staunte nicht
schlecht, als auf einmal Hoffman, DeVito und der Capote-
Mann bei ihr an der Bar standen und mexikanisches Bier
bestellten. Niemand trank mehr mexikanisches Bier und
Kurt wollte es eigentlich schon längst von der Getränke-
karte genommen haben, weil sich hanebüchene Geschichten um die Brauerei in Mexiko rankten; dort hätten sie
angeblich reingepisst, bevor die Flaschen in den Export

Promis, Stars und Sternchen:
Die Gästeliste vom P 1, Vol. 2

Und diese deutschen und europäischen Promis
gaben sich seit 1984 im P 1 die Ehre:

Barbara Becker, Stefanie Tücking, Sonja Zietlow,
Sven Hannawald, Michael Mittermeier, Oskar
Lafontaine, Felix Magath, Christoph Daum,
Tommy Ohrner, Til Schweiger, Sascha, Nina
Hagen, Silbermond, Roberto Blanco, Erkan &
Stefan, Günther Maria Halmer, Sönke Wortmann,
Uwe Ochsenknecht, Wilson Gonzales Ochsen-
knecht, Jimmy Blue Ochsenknecht, Doris
Dörrie, Mark Keller, Bushido, Jam & Spoon,
Eros Ramazzotti, Michelle Hunziker, Max Tidof,
Christian Tramitz, Bully, Rick Kavanian, Kaya
Yanar, Otto Waalkes, Karolin Herfurth, Heiner
Lauterbach, Jan-Josef Liefers, Nina Hoss,
Claudia Schiffer, Franziska van Almsick, Verona
Feldbusch, Dieter Bohlen, Franjo Pooth,
Veronica Ferres, Helmut Dietl, Rudolph
Moshammer, Stefan Raab, Charlotte Roche,
Howard & Wayne Carpendale, Iris & Oliver
Berben, Franz Beckenbauer, Bernd Eichinger,
Barbara Rudnik, Corinna Harfouch, Michael

Verhoeven, Simon Verhoeven, Luca Verhoeven, Senta Berger, Franz Xaver Kroetz, Uschi Glas, Ben Tewaag, Thomas Anders, Frank Farian, Harold Faltermeyer, Marie Bäumer, Ben & Meret Becker, Moritz Bleibtreu, Maruschka Detmers, Nadeshda Brennicke, Hannelore Elsner, Katja Flint, Cosma Shiva Hagen, Fürstin Gloria von Thurn & Taxis, Fürst Johannes von Thurn & Taxis, Fürst Albert von Thurn & Taxis, Nastassja Kinski, Nicolette Krebitz, Alexandra Kamp, Ken Duken, Gedeon Burkhard, Erol Sander, Janine Kunze, Marion Kracht, Sophia Thomalla, Diane Krüger, Hardy Krüger & Hardy Krüger jun., Gunter Sachs, Anja Kruse, Michel Guillaume, Ralph Siegel, Renata Kochta, Steffi Graf, Alexandra Maria Lara, Barbara Lass, Katharina Böhm, Anna Loos, Heike Makatsch, Michaela May, Désirée Nosbusch, Andrea Kempter, Alexandra Neldel, Jessica Schwarz, Bettina Zimmermann, Esther Schweins, Hanna Schygulla, Andrea Sawatzki, Anja Schüte, Jasmin Tabatabai, Nicole Böttcher, Susanne Uhlen, Natalia Wörner, Christine Neubauer, Christian Ulmen, Tom Tykwer, Jürgen Vogel, Oliver Korittke, Edgar Selge, August Diehl, Robert Stadlober, Matthias Schweighöfer, Jürgen Tarrach, Axel Milberg, Joachim Król,

Götz Otto, Ingo Naujoks, Detlev Buck, Daniel
Brühl, Udo Wachtveitl, Miroslav Nemec, Nora
Tschirner, Jürgen & Roman Prochnow, Ralf
Richter, Roman & Karl-Heinz Rummenigge,
Benno Fürmann, Katja Riemann, Franka
Potente, Sarah Connor, Mario Adorf, Dieter
Hildebrandt, Heino Ferch ...

... und weiter geht's:

Suzanne von Borsody, Francis Fulton-Smith,
Joachim & Tommy Fuchsberger, Marius Müller-
Westernhagen, Herbert Grönemeyer, Sascha
Hehn, Thomas Heinze, Bernd & Barbara
Herzsprung, Heinz Hoenig, Oliver Juhnke, Udo
Kier, Peter Kraus, Tobias Moretti, Richy Müller,
Martin Semmelrogge, Elmar & Fritz Wepper, Ron
Williams, Charly M. Huber, Wolfgang Fierek,
Klaus Lemke, Kai Wiesinger, Steffen Wink, Tina
Kaiser, Frank Zander, Rolf Zacher, Flatz, Jörg
Immendorff, Markus Lüpertz, Reinhard
Fendrich, Toni Polster, Oliver Kahn, Jens
Lehmann, Philipp Lahm, Mehmet Scholl, Udo
Lindenberg, Giulia & Dunja Siegel, Thomas
Stein, Dr. Hans-Wilhelm Müller-Wohlfahrt,
Alexandra Polzin, Andrea Sokol, Sonya Kraus,

Daniela Noack, Dolly Buster, Eva Padberg, Eva Grünbauer, Jessica Stockmann, Michael Stich, Kader Loth, Jürgen & Ramona Drews, Sabrina Setlur, Arabella Kiesbauer, Susi Erdmann, Sonja Kirchberger, Sylvia Leifheit, Barbara Schöneberger, Christiane Gerboth, Collien Fernandes, Gina Wild, Gitta Saxx, Gundis Zambo, Heydi Nunez Gomez, Jenny Elvers, Mariella Ahrens, Patrick von Faber-Castell, Minh-Khai Phan-Thi, Mo Asumang, Nazan Eckes, Nadja Abd el Farrag, Tatjana Patitz, Yasmina Filali, Thomas Strunz, Stefan & Claudia Effenberg, Lothar Matthäus, Michael Ballack, Martin Krug, Nova Meierhenrich, Jasmin Gerat, Andrea L'Arronge, Davorka Tovilo, Anja Lukaseder, Janin Reinhardt, Lisa Fitz, Willy Michl, Thomas Helmer, Sabrina Staubitz, Otto & Sarah Kern, Sybille Rauch, Bea Fiedler, Ursula Karven, Jennifer Nitsch, Ottfried Fischer, Dominic Raacke, Herbert Knaup, Towje Kleiner, Hannes Jaenicke, Ralf Bauer, Tom Gerhardt, Max von Thun, Doreen Dietl, Sky du Mont, Otto Retzer, Willy & Sonja Bogner, Monti Lüftner, May Spils, Konstantin Wecker … – noch Fragen?

gingen. Die drei hatten davon allerdings noch nichts gehört.

Sie bestellten eine weitere Runde und gaben Maike eins aus. Zaghaft nuckelte sie an der Bierflasche. Sie war Mitte zwanzig, ihr Hintern etwas zu breit und ihre Brüste flach, aber sie war von magischer Anziehungskraft. Sie hatte ihren Abschluss an einer Eliteschule im Elsass oder irgendwo gemacht, total streberhaft, und dann ging sie nach New York auf die Columbia High. Eines Nachts hatte ihre Freundin Macy sie auf einer Vernissage von James Rizzi in einer aufgelassenen Bäckerstube im Meatpacking District in Manhattan mit dem Gitarristen einer gerade sehr angesagten Band bekannt gemacht; dann war sie für ein halbes Jahr wie vom Erdboden verschwunden, weg, abgetaucht. Irgendwann hatte die Band ein Konzert in München und sie kamen spät nachts ins P 1. Der Gitarrist war schon mächtig weggetreten und benahm sich Maike gegenüber wie ein Vollidiot. Kurt mischte sich ein: »Du bist also die Freundin von dem Typen da?« Nemo, so nannten sie den Gitarristen, lallte in einem abartigen NYC-Slang zu Kurt rüber: »Was geht dich das eigentlich an?« Kurt sah Maike an, sie sah ihn an und beide dachten sich, was der denn hören wolle. Die Wahrheit? Kurt also: »Um die Wahrheit zu sagen, du lässt sie jetzt ganz schnell in Ruhe und ziehst Leine.« Maike hatte schon seit ein paar Tagen die Schnauze voll von Nemo. Sie hatte bereits viele blaue Flecke an den Oberarmen davongetragen. Immer wenn er prall wie eine

Haubitze war, drückte er sie so fest am Arm, dass sie sich kaum die Tränen verkneifen konnte. Und zwei Tage zuvor verpasste er ihr eine mitten ins Gesicht, sodass die Farbe ihrer angeschwollenen Wange sogar durch das stark aufgetragene Rouge durchschimmerte. Es war nach dem Konzert in Wien, als sie sich gerade in der Lobby des Hotels Sacher von ihrem alten Freund mit einer Umarmung verabschiedet hatte. Nemo rastete da völlig aus und verprügelte erst Maikes Ex, dann drückte er sie gegen den Rezeptionstresen und knallte ihr seine Faust auf die rechte Backe. Ihre Minihandtasche war zwar nicht aus hartem Material, aber zumindest ließ er von ihr ab und holte sich einen tiefen Ritzer am Jochbein, als Maike ihm die kleine Tasche um die Ohren schlug.

An jenem Abend im P 1 hatte Nemo schon haufenweise Irgendwas in der Nase, das war sein Problem, denn die brachiale Mixtur aus schottischem Single Malt und dem Dreckszeug hatte sein Gehirn fest im Griff. Sein Blick war stier, seine Gestik zeitlupenmäßig langsam und ihm kamen nur unverständliche Worte über seine ausgetrockneten Lippen. In den Wortwechsel zwischen Kurt, Maike und Nemo schaltete sich plötzlich Carlo ein. Er war buchstäblich aus dem Nichts aufgetaucht und hatte sogar seine SM-Spielchen mit Mira unterbrochen. Er war von ausgesprochen freundlichem Naturell, konnte keine Streitigkeiten ertragen, war fast grauenerregend diplomatisch, vielleicht sogar aus gutem Hause und von Beruf erfolgreicher Anwalt oder so. Wahrscheinlich hatte er dennoch oder gerade deswegen ein dunkelschwarzes Geheimnis. Carlo also packte Nemo am Hosenbund seiner Jeans und legte seinen anderen durchtrainierten Arm um ihn, sodass sein schweißnasses Latexlätzchen an Nemos Brusthaaren kleben blieb. »Okay«, sagte er, »ich werde mich mal um ihn kümmern.« – »Wegen uns nicht«, fauchte Maike wie eine waidwunde Tigerin, »wir hätten es ihm schon selber besorgt!« Dann machte Carlo mit Nemo die Mücke und das war gut so, denn Kurt hatte schon befürchtet, dass die Sache in eine große Schlacht ausarten würde. »So ein Arschloch«, sagte Maike und schaute Nemo nach, bis er auf der überfüllten Tanzfläche mit Carlo verschwunden war, dann drehte sie sich zu Kurt: »Hey«, fragte sie, »hast du zufällig noch einen Job frei?«

Szenenwechsel: Sechzehn Tage dauernder Ausnahmezustand in München, eine Stadt im Würgegriff, das Oktoberfest. Auswärtige und München-Neider erinnerten sich zum Oktoberfest plötzlich daran, dass sie in der Isarmetropole einen Cousin dritten Grades sitzen hatten, nur um Ende September in einer aufgehübschten Holzhütte am Fuße der Bavaria oder in einem der Bierzelte einen Tisch zu bekommen. Überhaupt, die Sache mit dem Tisch. »Hast du einen?« Wir hatten jeden Abend einen! Eine simple Tischreservierung, die man übrigens fast ein Jahr im Voraus tätigen muss, wird für sechzehn Tage das zentrale It-Wort jeglicher Ausgehrituale aller Feierfreudigen. Du bist verloren, wenn du keinen hast, tot, und du kannst nichts dagegen machen, gar nichts! Oder kennt jemand eine bessere Party, zu der sich Gothic-Schwestern und Society-Ladys in ein kunterbuntes Dirndl zwängen, damit der Busen wie eine Presswurst aus dem Dekolletee quillt? Dirndl, Krachlederne und Haferlschuhe werden zu Symbolen der Völkerverständigung und alle Menschen werden Brüder.

Nicht wegzudenken und außergewöhnlich feierfest waren damals zur Wiesn-Zeit die Damen und Herren aus den sexorientierten Berufen. Nicht nur, dass die Münchner Etablissements ihre Gleitcremevorräte und ihre Accessoireslager aufstockten, sie holten sich auch weibliche Verstärkung aus dem Ausland, um dem Ansturm der manneskräftigen Festbesucher standzuhalten und ihnen Samen und Bares zu entlocken.

Alle waren sie da, die Kiezgrößen von der Reeperbahn, der schöne Udo, Inkasso-Karl, die Russen aus Berlin, die Frankfurter Jungs, alle warteten das ganze Jahr sehnsüchtig, bis Bonzen-Bernd und der Berliner Hans zum Oktoberfest in ein Festzelt luden. Facettenreich gestaltete sich auch die Einkleidung der angereisten Rotlichtpaten, besonders nett anzusehen war die Kreuzung aus bayerischer Ledertracht mit hautengen Netzhemden und Khaki-Jogginghosen. Ein findiger Altrocker mit Schneiderambitionen machte gleich mal aus der Not eine Tugend und stellte die »Macht der Tracht« ins Rotlicht.

Der Tisch im Bierzelt war eigentlich zu klein für die ganze Bande. Wie immer bestellte Messer-Charly zehn Flaschen Champagner, fünf zum Verspritzen, fünf zum Saufen. Die smarte Kellnerin hatte so ihre Mühe, beim Zapfenstreich die kompletten achttausend Mark zu kassieren. Aber Ludenschulden sind halt Ehrenschulden, da lassen die Herren aus dem Milieu nichts drauf kommen. Hinter dem Zelt warteten sie geschlagene zwanzig Minuten im strömenden Regen auf die Stretchlimousine, die sie ins P 1 chauffieren sollte. Der Berliner Hans passte nicht mehr rein. Bonzen-Bernd hatte falsch gerechnet. Aber es war nicht seine Schuld: Der Messer-Charly hatte nämlich zwei Schnecken im Schlepptau, und die machten sich jetzt auf dem Platz vom Berliner Hans oben frei. Charly, das war so einer, der wusste schon am Montag die Woche zuvor, dass am Wochenende drauf irgendein Oberfreier eine Lokalrunde Schampus im Etablissement des Berliner Hans schmeißen wollte. Das wussten die anderen nicht. Er hatte so eine Nase für schräge Sachen und bildete sich was drauf ein, wenn es dann wirklich so kam.

Der Chauffeur lenkte die Limousine auf den Parkplatz vom P 1. Was der Fahrer nicht oder zu spät sah, war eine Kabelabdeckung, auf der das lange Gefährt nun mit dem Bodenblech aufsaß und wie ein Schaukelpferd auf und ab wippte. Das brauchten die Jungs wie das Bauchweh und sie stiegen nicht gerade leichtfüßig aus der wackligen Karre mitten in die riesige Menge von Leuten, die vor der Tür warteten. Als Erste erkannte ich die Mama vom Berliner Hans; ihre bläulich getönte Grauhaarfrisur spiegelte sich im Scheinwerferlicht und ich: »Küss die Hand, Gnädige.« Das liebte sie und warum sollte man der alten Mama nicht das Gefühl geben, sie wäre etwas Besonderes? Hinter ihr folgte der ganze Schwanz an Zuhältern, Nutten und Hartgeld-Luden. Ich schickte meinen Kollegen Jochen mit nach drinnen, damit unsere anderen Gäste keine Panikattacken bekamen, wenn die halbe Unterwelt im P 1 auftauchte.

Wäre Jochen nicht gewesen, hätte es schon beim Hinsetzen im VIP-Bereich gekracht. Irgend so ein Vollpfosten träumte mit geschlossenen Augen auf der Couch an jenem Tisch vor sich hin, der für den Berliner Hans reserviert war – keine Ahnung, wie der da hinkam. Postman, unser zuständiger Kellner, hätte ihn eigentlich gar nicht erst reinlassen dürfen. Bevor sich die ehrenwerte Gesellschaft nun den schlafenden Jüngling vornehmen würde, nahm ihn Jochen am Schlafittchen und bugsierte ihn rüber zur Bar von Postman und Theo. Da war er erst mal ganz gut aufgehoben. Nach zwei Minuten schlief er auch dort wieder ein.

Die Russen hatten drei usbekische Hühner dabei, die strippten für Wodka, und die eine hatte gleich zwei BHs an, die hängte sie dann dem Russenboss um den Hals. Die Mama gab nach zwei Stunden den Löffel ab, der Berliner Hans machte eine halbe Stunde später den Französischen, und Bonzen-Bernd, die Frankfurter Jungs und die Kiezkönige aus St. Pauli feierten, bis der Arzt kam. Ein prima Abend, eine weitere Nacht ohne Tote und Verletzte.

Ich wachte mit dem schrecklichen Gefühl auf, dass die Zuhälter heute Abend wiederkommen würden. Die Sonne, die strichlinienartig durch das Rollo schien, hatte mich sogar durch die geschlossenen Augenlider geblendet. Ich ließ den Rollladen ganz runter, aber die Helligkeit war trotzdem noch da. Ich setzte mich wieder aufs Bett, blinzelte, suchte nach einem Mädchen, weil über den Telefonhörer ein Damenslip gespannt war, und versuchte, mich zu sammeln. Erstens: Das Telefon klingelte seit etwa einer Minute. Zweitens: Kurt war am Apparat. Drittens: Er war fuchsteufelswild. Und viertens: Ich sollte in zehn Minuten im Büro erscheinen. Ich tastete mich an der Raufasertapete entlang die zwei Meter ins Badezimmer. Zimmer? Selbst die Nasszelle in der alten Pionierkaserne in Nordschwabing war größer und besser ausgestattet als mein Puppenhausbad. Eigentlich aber war es richtig praktisch, weil ich alles auf den zwei Quadratmetern gleichzeitig machen konnte: Zähneputzen, pinkeln, gerade mal fünf Zentimeter vom Waschbecken entfernt, und duschen, denn der Brausekopf befand sich direkt über der Kloschüssel. Nach der Katzenwäsche sprang ich in die Jeans, irgendwie wollte sie heute nicht richtig sitzen, und ab ins Büro. Die Straßen waren wie ausgestorben am Sonntag um neun Uhr morgens. Fuck!? Neun Uhr? Ich verfluchte Kurt und begrüßte ihn artig, als ich im Büro, das sich unter dem P 1 befand, ankam. Auf seinem Schreibtisch lagen zwei Fünfhunderter.

Aus der Schublade, von der ich glaubte, dass etwas Geheimnisvolles drin war, weil Kurt sie seit Jahren nicht mehr geöffnet hatte, kramte er den Geldscheinprüfer mit der UV-Lampe hervor. Das Ding war sein Geld wert, die Schwarzlichtlampe machte die fluoreszierenden Sicherheitsmerkmale auf den Scheinen sichtbar. Er nahm den linken Fünfhunderter und legte ihn unter die Lampe. Bereits beim ersten Hinsehen wurde selbst uns Oberlaien klar, dass es sich bei diesem Schein um Falschgeld handelte. Das Papier war zu steif, das Format etwas kleiner als das Original und das Wasserzeichen war nur als leicht hellblauer Umriss zu sehen. Okay, Blüten, *bad money*.

Es gab nun zwei Dinge, die wir hätten tun können: Entweder wie brave Clubmanager die Polizei rufen oder erst mal selbst rausfinden, woher das Scheinchen kam. Wir entschieden uns für Letzteres. Der Berliner Hans war der Einzige, von dem wir die Telefonnummer hatten. Beim dritten Klingeln ging er ans Telefon. Er war noch nicht wirklich wach, schließlich hatte er sein Etablissement gerade erst eine Stunde zuvor zugemacht. Ich wusste nicht genau, wie ich es ihm beibringen sollte. Also ich: »Guten Morgen, äh, lieber Hans.« Ich wand mich krampfhaft, um die passenden Wörter zu finden, dann redete ich um den heißen Brei herum. Große Zeche, toller Abend, danke für euren Besuch, Bonzen-Bernd ist erst um sechs gegangen, hab dich gar nicht gehen sehen, und all den ganzen Mist, den man in so einer Situation von sich gibt. Die Stille am anderen Ende der Leitung machte mir Bammel, als ich ihm sagte, dass irgendein Kollege am Tisch mit Blüten bezahlt hatte. »Bin gleich da«, grunzte er in den Hörer und legte auf. Da saßen wir wie zwei Volltrottel, die sich wie Verräter vorkamen und einen Zuhälterkrieg anzetteln wollten. Das Warten schien mir endlos, bis es endlich an der Außentür zum Büro klopfte. Erst zwängte sich Messer-Charly durch die Tür, dann kam Bonzen-Bernd und zum Schluss der Berliner Hans. Fehlte nur noch die Mama. Sie waren mit einem tiefergelegten 450er-SLC in sagenhaft grellem Gelb vorgefahren und auf der Heckscheibe glitzerte das Logo des Etablissements des Berliner Hans im Sonnenlicht. Ich musste an Bernds Ermahnung denken, den Berliner Hans bitte nicht so anzustarren, wenn er einen Jogginganzug trug. Ich wollte ja woanders hinschauen, aber ich musste ihn einfach anglotzen. Seine Jogginghose reichte gerade bis zur oberen Hälfte seiner Waden, unten schauten seine fußballdicken Knöchel raus, die in übergroßen Joggingschuhen steckten. Die Jacke war selbst für seinen riesigen Oberkörper zu groß, da hätten gut und gerne Bernd und Charly zusammen rein gepasst. Das wirklich Abgefahrene war aber die Farbe seines Anzugs: Ich würde es als Rosé bezeichnen.

Der Berliner Hans setzte sich auf den dritten Stuhl an Kurts Schreibtisch, Charly und Bernd blieben hinter ihm stehen. Das war bestimmt so ein Ludenritual, damit man gleich wusste, mit wem man es zu tun hatte. Aber was sollte der Scheiß? Wir hatten überhaupt keine Angst, schließlich hatten wir sie ja angerufen. Und Mist gebaut hatten wir auch nicht. Hans atmete so schwer, dass ich dachte, der kriegt gleich einen Herzinfarkt. »Wo ist der Schein?«, fragte er. Kurt öffnete noch mal seine ominöse Schublade und schob ihm die Blüte über die Schreibtischauflage rüber. Kein Mucks dabei, keine Musik im Hintergrund – ich kam mir vor, als wären wir Lucky Luciano und Dutch Schultz im Hinterzimmer eines Las Vegas Casinos bei der Geldübergabe nach einem durchgezogenen Coup. Hans nahm die Blüte in die Hand und gab sie an Bernd nach hinten weiter. Bernd wischte ein paarmal mit Daumen und Zeigefinger drüber, zog den großen Kristallaschenbecher zu sich her, holte sein Benzinfeuerzeug aus der Hosentasche und zündete das Ding an. »Was – das war's?«, fragte ich, und Bernd zurück: »Ja, das war's!« Kurt trat mir doch ganz schön fest gegen mein Schienbein, während er seine Augen mit einem sparsamen Kopfnicken in Richtung Bernd und Charly verdrehte. Erst verstand ich ihn nicht und dann wollte ich vom Berliner Hans wissen: »Ach ja, wer war denn nun der Missetäter?« – »Ein Fremder aus dem Norden, aber jetzt gibt es ihn nicht mehr«, erklärte er seelenruhig, während er sich eine Zigarette an den noch brennenden Resten der Blüte anzündete. Ich dachte nun wirklich, ich sei im falschen Film. Vielleicht hatten sie ihm auf dem

Parkplatz draußen eine Kugel in den Kopf gejagt und jetzt lag er im Kofferraum ihrer gelben Zuhälterschleuder? Kennt Ihr das? Wenn es einem so ganz schnell heiß und kalt wird, heiß, kalt, heiß, kalt und dir klar wird, dass du keine Chance mehr hast und der Nächste bist, und dein ganzes Leben an dir vorüberzieht, deine lustige Kindheit in Schwarz-Weiß, in der du den ganzen Sommer in der Badehose rumgehopst bist, dann die Farbbilder deines ersten Urlaubs in Kroatien mit den Kumpels und der verschwommene Film von der hübschen Julia, die im East Side die Garderobe machte und in der Früh nach einer geilen Nacht im Bett aussah wie Miss Marple bei der Morgenwäsche, ja, das hatten wir alle schon oft in Filmen gesehen, wenn es kurz vor knapp war. Bitte, bitte nicht den *worst case*, keine Gruselstorys über abgehackte Körperteile oder den Super-Profi-Auftragskiller aus Nowosibirsk, der sich innerhalb von Minuten in die verschiedensten Personen deiner Wahl verwandeln konnte. »Er ist weg«, zischte Bernd trocken, »Bubi Bugatti ist weg.« Warum wunderte es mich eigentlich nicht, dass der Typ einen solch dämlichen Namen hatte?

Bubi war ein Kickboxchampion aus Österreich, der sich auf der Reeperbahn vom Koberer zum Straßenzuhälter hochgedealt hatte, und als er doch schon drei Pferdchen an der Longe laufen ließ, bekam er von den Kiezkönigen den schnittigen italienischen Sportwagen geschenkt, der ihm zu seinem Namen verhalf. Letztendlich setzte er den Boliden zweimal hintereinander in den

Vorgarten seines Reihenmittelhauses in Hamburg Altona. »Wie? Äh, weg, wohin?«, stammelte ich und Bernd holte aus und erzählte von dem Milieukodex und den Verbannten, denen sie alles nahmen, das Auto, das Geld, die Mädchen, einfach alles, und die sie wegschickten, ins Nirwana, nach Nirgendwo, wenn sie Mist gebaut hatten. Bubi musste zurück in sein kleines Bergdorf auf zweitausend Meter im tiefsten Österreich, wo sie ihn mit seinem richtigem Namen Bernward nannten, und dort musste er bleiben, mindestens zwei Jahre. Das war im Kodex festgelegt, so war es vereinbart. Und er durfte dort nicht weg, keine Fünf-Sterne-Hotels, keine heißen Schlitten, keine Schnecken. Und wenn er in seinem Zweihundert-Einwohner-Alpendorf den ersten Bergstraßenstrich in den Hohen Tauern eröffnet hätte, dann hätten sie ihm das wahrscheinlich schon wieder hoch angerechnet – dann hättest du dir deinen Namen schon wieder verdient, Bubi Bugatti.

Kurz bevor sie rausgingen, drehte sich der Berliner Hans noch mal zu uns um: »Ach ja, hätte ich beinah vergessen: Wir machen am Mittwoch einen Grillabend bei mir zu Hause, Ihr kommt doch, oder?« Die Frage war, wie sich eine Absage auf unser zukünftiges Dasein auswirken würde. »Klar, gerne, klar kommen wir«, stotterten Kurt und ich zusammen, »wo wohnst du denn?« Es wäre mir nie auch nur im Traum eingefallen, einen Oberzuhälter nach seiner Adresse zu fragen. In diesen Kreisen käme allein das Wissen darum einem Selbstmord gleich. »Hofpfisterweg, das letzte Haus in der Straße, ihr seht es dann schon«, sagte Hans, dann drehte er sich wieder zur Tür und die drei verschwanden in den viel zu frühen, aber schön sonnigen Sonntagmorgen.

Spießerhausen war nichts gegen die Bude, die uns am Ende einer mit Kopfstein gepflasterten Spielstraße erwartete. Selbst die Gartentorklinke war mit Tigermäulchen und Engelsflügeln garniert und zwischen der Tujahecke vor der Doppelhaushälfte aus den Siebzigern ratterte eine Garteneisenbahn mit offenen Loren, auf denen die sieben Zwerge festgeklebt waren. »H. & H.« stand auf dem überdimensional großen Klingelschild aus Blattgold. Hans wohnte glatt mit seiner Mama zusammen, sie hieß Hermine.

So also sah die Tarnung der Unterweltler von heute aus. Mach einen auf Oberstudienrat, spiel den netten Nachbarsonkel und mäh den Rasen jeden Samstag, dann bist du raus aus der Nummer. Da schöpft kein Mensch den Verdacht, dass du der Wolf im Schafspelz bist. »Ah, da seid Ihr ja.« Hermine öffnete uns im modischen Morgenmantel, sie freute sich richtig, uns zu sehen. »Kommt rein, die anderen sind alle hinten im Garten.« Sie führte uns durch das spießigste Wohnzimmer, das ich je gesehen habe, auf die Terrasse aus hellgelbem Sandstein. Am reich gedeckten Tisch fielen mir als Erstes meine Lieblingslachssemmeln mit Meerrettichsahne auf. Die Tischdecke aus Plastik mit Vogelmuster drauf war mit Wäscheklammern am Gartentisch befestigt. Um den Tisch saßen sie alle, Bonzen-Bernd hatte eine dunkle Sonnenbrille aufgesetzt und machte eine überfreundliche Miene, wie jemand, der gerade vorgesagt bekommen hatte, zu den Neuankömmlingen besonders nett sein zu müssen. »Sieh sie dir an«, flüsterte mir Kurt ins Ohr, »ich wette, die haben gerade einen neuen Coup ausgeheckt.« Die Tischdame vom Messer-Charly hatte toupierte rote Haare, die durch ein breites Stirnband mit Eiffeltürmen hochgehalten wurden. Ihre halb transparente Bluse ließ den dunkelschwarzen Rüschen-BH durchscheinen und bevor Charly den Mund aufbekam, stellte sie sich selber vor: »Hi, ich bin Pussycat.« Drei Dinge fielen mir dazu ein und ich konnte zu diesem Zeitpunkt nicht genau ausmachen, was mir davon am besten gefiel: Pussy Galore, das Bondgirl im Film *Goldfinger*, die holländische Band Pussycat mit ihrer Sängerin Marianne oder die überdrehte Swinging-Sixties-Groteske *What's new, Pussycat?* mit dem einzigartigen Peter Sellers. Daneben saß ein kauziger Greis, um die siebzig, erst dachte ich, okay, der Papa vom Berliner Hans, dann aber stellte ihn Charly vor: »Das ist Fredo, der Buchhalter.« Als sich die Mama dann endlich an den Gartentisch setzte, mussten alle das Tischgebet sprechen. Der Abend war wunderbar. Kein Wort übers Geschäft, nur gutes Essen, und dann geschah es: nämlich absolut nichts mehr. Kurt unterbrach nur ungern die Familienidylle: »Wir müssen los!« Das war das Stichwort für die Mutter des Hauses. Wieselflink verschwand sie in der

Küche und kam mit der Tüte eines Münchner Feinkost-
händlers zurück, die sie mir mit Kopfnicken und geschlossenen Augen in die Hand drückte, so nach dem
Motto, Ihr habt es euch verdient! Ich nahm mir vor, erst
im Auto in die Tüte zu schauen. Eine schlaue Entscheidung. Die Tatsache, dass die Tüte vollgestopft mit Tup-
perschälchen war, sollte uns wahrscheinlich in dem Glauben lassen, eher auf einer Tupperparty als auf einem
Zuhälter-Geheimtreffen gewesen zu sein. Ich fass es nicht!
Beim Heimfahren drehte ich das Radio an. Es lief Huey
Lewis & the News: »Trouble in Paradise!«

ZWÖLF

The good, the bad and the ugly

Seit Mittwoch hatten wir uns im Büro verbarrikadiert. Es musste so sein, einfach so, sonst hätte es mit denen ein böses Ende genommen. Für Freitag waren Fernsehaufnahmen geplant zu einem Musikmagazin, das *Big Bubbles* hieß. Nie hätte ich gedacht, dass Fernsehmenschen so einen Larry machen würden. Ich hatte immer gedacht, alle beim Fernsehen wären saucool und lässig und sähen aus wie die britischen Fernsehmoderatoren Steve Blame oder Ray Cokes. Alles hätte ich gedacht, nur nicht, dass es so weit kommen würde. Aber der Reihe nach und zuerst zum Metzger Manni.

Die ersten paar Drinks genehmigte sich der Metzger Manni immer im Pimpernel. Schon als er noch Lucian hieß, war der Laden am Rande des Glockenbachviertels der Szenetreff für dubiose Gestalten und komische Nachtfalter, später dann auch für Stricher, schrille Gays, schräge Heteros und in Latex gestrapste Waschbären. Hier war der Metzger Manni Stammgast, bestimmt dreimal die Woche

kam er schon am frühen Abend und zog sich ein paar
Bier und ein paar Schnäpse rein.

Manchmal trug er noch seine blutverschmierte Metz-
gerschürze, einmal hatte er sogar dieses ultrascharfe Ab-
häutemesser dabei und als er die Kohle fürs Zahlen
rauslegen musste, fielen ihm beim Rumkramen die Flei-
scherhaken aus der Schürzentasche. Er war so einer, den
seine Fleischfachverkäuferinnen sonderbar nannten. Nicht
dumm, aber psychisch nicht ganz auf der Höhe, dafür
monstermäßig beieinander und Arme wie Jan Ulrichs
Oberschenkel. Seine Finger waren so dick wie Sharons
Dildo, und um einen Bullen umzulegen, verzichtete er
eigensinnig aufs Bolzenschussgerät, er nahm den Och-
sen einfach in den Schwitzkasten und brach ihm das Genick. Besonders amüsant war es, sich mit ihm über Gott
und die Welt zu unterhalten, weil er so einer war, der
alles wusste. Es gibt ja Menschen, denen kannst du einfach nichts Neues mehr erzählen, du kannst ihnen nichts,
aber auch gar nichts vormachen, sie wissen einfach alles.
Und wenn sie etwas nicht kennen sollten, dann tun sie
so, als wüssten sie es und verkaufen ihre Märchen als am
eigenen Leib erfahrene Wahrheiten. Irgendwie bewun-
dernswert. Natürlich war der Metzger Manni auch schon
überall dabei und hatte von seinen waghalsigen Aben-
teuern Tausende Wunden und Verletzungen davongetragen. Jedes Mal, wenn er um vier Uhr morgens bei Jonas
im P 1 an der Bar stand, zog er sein blau-weiß gestreiftes
Metzgerhemd über den Kopf und wir mussten uns alle

einer anatomischen Lehrstunde über seinen massigen Oberkörper unterziehen, der übersät war mit schlampig versorgten Narben; wahrscheinlich hatte er die Hälfte seiner Wunden selbst genäht.

Letztens sei er über fünfzig Meter vom Stahlgeripppe eines Wolkenkratzer-Rohbaus runtergefallen, das musste man mal gemacht haben, sagte er, das härtet ab und überhaupt hätte er sich dabei nur das rechte Bein, beide Arme und einen Halswirbel gebrochen. Nach drei Wochen stand er wieder oben, sagte er. Manni war ein Einzelgänger, der einsame Wolf, ein Solist, aber eines Tages brachte er einen jungen Kerl mit ins P 1, seinen Neffen Hubsi. Er war irgendwie nett anzusehen, seine blonden Haare fielen ihm ottoartig bis auf die Schulter, so ein cooler Surfertyp halt, der mehr Stunden auf dem Brett an der Eisbachwelle als in der Uni verbrachte.

Manni hätte es gern gehabt, wenn auch sein Neffe ins fleischverarbeitende Gewerbe gegangen wäre, aber Hubsi, der hatte ehrlich gesagt überhaupt keinen Bock auf die, wie es ihm schien, brotlose Metzgerskunst. Manchmal stellte der Manni den Hubsi einfach an der Bar bei uns ab und zog dann weiter. War ja schließlich kein Kind mehr, der Hubsi, und so dauerte es nicht allzu lange, bis sich der kleine Metzgersneffe jede Nacht im P 1 mit Wodka vollends zudichtete.

Am Donnerstag, dem Abend vor der TV-Aufzeichnung des *Big-Bubbles*-Musikmagazins, ging es ausgelassen zu; im

Servicebereich von Postman saßen schon ein paar Bands, die am Freitag auftreten sollten. Die britische Acid-Jazz-Combo Galliano, der singende Zahnarzt Dr. Alban, die Heavy-Rock-Formation Stiltskin und die Eurodance-Sensation Snap amüsierten sich köstlich und hatten schon ein paar Fläschchen intus, als eine hippe Clique aus Models und Klamottenheinis sich zu ihnen gesellte. Postman war kein guter Kellner, eigentlich auch kein Barmann, aber er hatte es einfach drauf, seinen Gästen die teuerste Flasche anzudrehen. Kaum hatten sich die beiden männlichen Models Zack und Ethan aus den USA zu den Sängerinnen von Galliano gesetzt, hatte Postman ihnen schon die Drei-Liter-Flasche Champagner aufs Auge gedrückt. Sie fanden es klasse, obgleich ihnen sicher nicht klar war, a) was die Flasche kostete – nämlich damals 1200 Mark –, und b) dass sie später den Zahlemann machen müssten. Irgendwie hatte sich schließlich auch der Rechtsverdreher Fletcher mit der Nutte Isabel dazwischen geschmuggelt; sie hatten sich erst kurz zuvor unter nahezu filmreifen Umständen kennengelernt:

Es fing an mit den Beiden im Taxi, mit dem Fletcher zum P 1 fahren wollte. Er saß bereits im Fond, als sie tränenüberströmt und mit einem langen Riss in ihrem knallroten Schlauchkleid mit dem Kopf voraus auf seinen Schoß hechtete und so liegen blieb, als müsste sie sich verstecken. Der Taxifahrer, ein Russe, Mitte fünfzig, Platte, fast zahnlos, staunte nicht schlecht über seine Fahrgäste, dann brachte er sein steinaltes Taxi, einen Ford Taunus 20 m, langsam, aber sicher in Bewegung. Isabel kaute Fletcher ein Ohr ab, die ganze Geschichte spulte sie runter, von ihrem Zuhälter, der das Geld zurückwollte, das er ihr geliehen hatte, das sie aber schon längst für irgendwas verpulvert habe. Und nun hätte sie totale Panik, alleine nach Hause zu fahren, weil sie sicher sei, dass der »Graf«, so hieß der Schweineschurke, dort schon auf sie warten würde, um sie abzufangen. »Okay, okay, wo wohnst du?«, beruhigte Fletcher sie. »Dann fahren wir da jetzt zusammen hin.« Isabel beugte sich vor zu dem Russen, um ihm die Adresse einzusagen; er schien nicht begeistert zu sein. Dort angekommen, stiegen Fletcher und Isabel aus und gingen los. Das Licht im Flur war defekt, flackerte, und ihre Wohnungstür stand offen, das Schloss war gewaltsam rausgebrochen. Als Fletcher die Tür aufdrücken wollte, fiel sie mit einem Riesenrums aus der Zarge in die Wohnung. Also klopfte er an den Türrahmen und rief: »Ist da wer?« Nach ein paar Sekunden kam die Antwort »Ja« und Isabel sagte: »Ich bin's, ich habe meinen Freund dabei, er ist ziemlich groß.« Jetzt konnten sie erkennen, dass es der Graf war, und der sagte: »Hast du die Kohle?« und Fletcher rief: »Ja, wir haben das Geld.« Obwohl er nicht wusste, wie viel es war, verließ er sich drauf, dass die tausend Mark, die er eingesteckt hatte, ausreichen würden, um Isabels Schulden zu begleichen.

Während Fletcher mit ihm eines dieser Übergabegespräche führte, wer was wann zuerst übergeben und wer was wann zuerst bekommen sollte und der ganze Salm, schlich sich Isabel in die Wohnung. Der Graf knipste die Lampe an; sie war auf sein Gesicht gerichtet. Er sah furchtbar aus, seine Frisur war eigentlich gar keine, seine Augen waren weinrot und seine Nase war übersät mit tiefen Löchern, die wie Mondkrater aussahen. Kein Wunder, dass er im Dunkeln sitzen wollte, so hässlich wie der war. Er hatte eine Knarre in der Hand und richtete sie jetzt auf Fletcher, aber es sah nicht so aus, als wüsste er, was er mit dem Ding anfangen sollte. »Spinnst du? Nimm die Pistole runter«, kreischte Isabel. Fletcher reichte ihr die tausend Mark und sie bekam glänzende Augen, als sie die viele Kohle sah. Sie gab dem Grafen – für Fletcher nicht sichtbar – fünfhundert, der sackte sie ein und ging langsam rückwärts zur Tür raus, während er immer noch den Revolver auf die beiden richtete. »Du Scheißkerl«, schrie sie dem Grafen hinterher, »du Hurenbock, dachtest wohl, du kannst mich vögeln, wenn du mir die Knete leihst, aber so einfach gebe ich mich nicht her!« Dann verhaspelte sie sich bei ihren weiteren Beschimpfungen mit der Geldsumme und fing an zu weinen. Der Graf war verschwunden. Fletcher blieb cool und nahm sie in den Arm. »Ich krieg noch fünfhundert von dir.«

Immerhin hatten die beiden jetzt noch genug Kohle, um im P 1 einen drauf zu machen. Isabel hatte sich gleich ein Gläschen Champagner unter den Nagel gerissen und es sich auf dem Schoß von Zack, dem Model aus Wyoming, bequem gemacht. Neben Zack saß das andere amerikanische Model, Ethan aus Denver, und neben Ethan saß Hubsi. Hubsi hatte sich nicht getraut zu fragen, ob er auch ein Glas Champagner haben könnte. Die anderen prosteten sich zu, und dann ging's Schlag auf Schlag. Isabel schwappte aus Versehen das Glas über und der Champagner landete ausgerechnet auf Ethans heiß geliebtem UCLA-T-Shirt. Als daraufhin Ethan sich Isabel näher zuwandte, griff sich Hubsi schnell ein Glas und zog den Champagner in einem Zug rein. Ethan begann jetzt stocksauer zu werden, und als sich Isabel zu ihm rüberbeugte und dabei auch noch, wie es schien, mit Absicht, ihren rechten Nippel rausblitzen ließ, fing Ethan an zu zicken, und das auf Amerikanisch: Sie sei eine *fucking bitch* und eine *stupid whore.* Natürlich musste mal wieder Fletcher in die Bresche springen und er ging so ab, dass es den beiden Amis angst und bange wurde. Ein Schimpfwort folgte aufs andere, wie es halt so läuft, wenn sich ein paar *boneheads* in der Disco zoffen, und schon standen sie *face to face* auf dem kleinen Tischchen zwischen den beiden Sofas. Der eine, Zack, er war kein leeres Hemd, sondern fitnessstudiogedopt mit großen Muckis, machte einen auf hart und fegte mit der rechten Hand die Champagnergläser vom Tisch. Ethan daneben nickte zustimmend, als wollte er ungefähr sagen, ja, mein Bruder, du hast das Richtige getan. Stolz über seine Tat wartete Zack auf Fletchers Reaktion. Und der, der stolperte in Zack rein, Faust voran, und gab ihm einen glatten Gong, voll auf die Zwölf. Schon im Zusammensacken war Zack bewusstlos geworden und knallte mit der

Stirn auf die Treppe zum VIP-Bereich. Ethan, Angst im Gesicht, hatte jetzt endgültig die Hosen voll, doch er hatte die Rechnung ohne Fletcher gemacht. Dieser griff sich die Champagnerflasche, schwang sie ein paarmal über seinem Kopf im Kreis herum und katapultierte die Drei-Liter-Flasche wie ein Hammerwerfer in Richtung Ethan. Der duckte sich aber matrixmäßig so geschickt, dass die Pulle einen Millimeter an seiner Schläfe vorbeisegelte, mitten auf Hubsis riesengroßen Quadratschädel. Dann sackte auch Hubsi zusammen. Und da lagen sie beide nebeneinander, Zack und Hubsi, die zwei Ohnmachtspatienten, vereint in einer Art deutsch-amerikanischer Freundschaft.

Genau deshalb haben wir Fletcher dann rausgeworfen. Er machte dabei keine Anstalten und ließ es über sich ergehen. Eigentlich war er kein schlechter Kerl, der Fletcher, kein besonders erfolgreicher Anwalt, aber ein guter Rechtsbeistand, wenn es um die Wurst ging. Und Arien schmettern konnte er wie ein Opernsänger, ob Wagner oder Beethoven. Im Übrigen konnte er heilfroh sein, dass wir ihn vor die Tür gesetzt hatten; als die Bullen später noch kamen, hätten sie ihn wahrscheinlich gleich verhaftet.

Dann war da an diesem Donnerstagabend auch die Truppe um Sinéad O'Connor. Vivian war Backgroundsängerin, na ja, eigentlich war sie es zu jenem Zeitpunkt nicht mehr. Die meisten in der Band hielten sie für einen *starfucker*, weil sie den hitzköpfigen Leadgitarristen der Band mit

Nachdruck angegraben hätte. Sie gossen sich tierisch einen auf die Lampe und hopsten wie die Verrückten auf den Tischen zu »Should I stay or should I go« von The Clash herum. Alle fanden es affengeil, wie die Beiden sich gegenseitig antanzten, und auch wir hatten den Eindruck, als würden sie in den nächsten Sekunden – wäre eins dagestanden – im Bett landen. Ich weiß nicht mehr wie, aber es ging ratzeschnell, dass Vivian schreiend aufs Klo lief und über eine Stunde wegblieb. Ich war kurz davor, die Toiletten zu checken, ob was mit ihr passiert sei, als sie schluchzend zurückkam; es war nur noch der Aushilfsdrummer von der Band am Tisch. »Sie haben dich rausgeworfen«, sagte er, »aus der Band, du bist raus!« Irgendwie schien es ihn zu amüsieren, aber er machte einen auf Mitleid und nutzte die Gunst der Stunde. Schließlich sind leidende Mädchen ein gefundenes Fressen für den netten Onkel von der Schießbude. Aber weit kam er nicht und Vivian biss ihn in die rechte Hand, als diese gerade den Weg zu ihren Brüsten suchte, dann stieß sie ihn von sich weg und verschwand im Getümmel auf der Tanzfläche. Tja, der Amateurschlagzeuger, dieser Triebtäter, hatte nun definitiv die Arschkarte: Statt bumsen war zahlen angesagt.

Am Freitag früh um fünf entdeckte ich Vivian, wie sie vor der P-1-Tür auf dem Treppenabsatz saß. Sie heulte wie ein Schlosshund. Ihre verwässerte schwarze Wimperntusche lief ihr über die Wangen auf das weiße T-Shirt mit dem Motiv von Sinéad O'Connor. Das hatte schon wieder was Künstlerisches, wie die Mascara das Gesicht der Popschwester in eine schwarze Monsterfratze verwandelte. Es war ein schöner Junimorgen und ich setzte mich neben Vivian auf den Treppenabsatz. Ich zog meine Sonnenbrille aus der Jeanstasche, denn die ersten Sonnenstrahlen blendeten wie weiße Laserpointer, und erst jetzt sah ich ihr wunderschönes Gesicht, ihre zauberhaft tiefliegenden Augen, warm und blau und grün. Ihre Haare waren noch ganz nass, weil sie ihren Kopf zur Ernüchterung im WC unter kaltes Wasser gehalten hatte. Ich traf eine Entscheidung, während ich sie anschaute: Unglückliche Mädchen brauchen jemanden, der ihnen zuhört, und das konnte ich ganz gut.

Ein kleiner Wicht in einer Zimmermannsweste fand sich plötzlich zwischen Vivian und mir. Ich sagte: »Hi, wer bist du denn?« Und der Typ: »Hallo, ich bin Soundso, der Aufnahmeleiter hier.« Und ich: »Na so was.« Und er dann: »Könnt Ihr euch woanders hinsetzen? Wir müssten hier mal durch.« Ich dachte, wer bin ich denn, dein Fernseh-Hiwi oder was? Ich sollte ihm eigentlich mal die Leviten lesen, von wegen Türsteher und so. Aber ich sah dann doch davon ab und schon kamen die anderen durch die Tür mit Mikroständern, Boxen, Musikinstrumenten und dem ganzen Zeug, das sie für die Auftritte brauchten.

Es war also Freitag, der Tag, an dem die Fernsehaufnahmen stattfanden. Ich spürte gleich, dass das im weiteren

Verlauf ein Scheißtag werden würde. Es begann damit, dass Gianni angerannt kam, als sei der Leibhaftige hinter ihm her: »Es brennt, es brennt!« Die schlaksigen Beine unseres italienischen Barmannes verhedderten sich beinahe in seiner weit fallenden Puffhose; vorher blieb er aber mit dem glasbunten Kettengewirr, das er um seinen Giraffenhals drapiert hatte, am Zigarettenautomat vor dem Büro schmuckvoll hängen. Da die Perlenketten höchstens die Länge eines Schullineals aufwiesen, zog es ihn im Finish seines Fluchtlaufs schleudertraumaartig zurück, und dann setzte er sich unfreiwillig mit seinem spindeldürren Italienerpo mitten auf den seltenen Topfkaktus, den unser Geschäftsführer Kurt vom Vorstand der GÖK, der Gesellschaft österreichischer Kakteenfreunde, als Gastgeschenk fürs Reinlassen angenommen hatte, freiwillig und ohne Gegenrede. Natürlich waren keine lodernden Flammen zu sehen, kein Rauch, und man konnte auch nichts riechen, außer dem beißenden Gestank von Giannis mit Angstschweiß durchtränktem AC-Parma-Trikot. Jetzt hörten wir es auch. »Fire! Fire!«, schallte es aus dem Club bis ins Büro, laut, hysterisch, verstörend, weiblich. Die schrille Frauenstimme hörte gar nicht mehr auf und gellte immer weiter: »Fire! Fire!« Den Rest konnten wir nicht verstehen. Nur so viel: Es klang mitnichten wie ein alarmierender Hilferuf, eher wie entsetzlich pubertäres Mädchengekreische.

Wir waren heilfroh, dass Gianni in seinem Brass nicht gleich die Sprinkleranlage ausgelöst hatte. Wäre echt heftig gewesen, wenn sechstausend Liter das P 1 unter Wasser gesetzt hätten. Von den Toten und Verletzten durch die Stromschläge mal ganz abgesehen. Als wir Gianni in den alten ledernen Lehnstuhl im Büro setzten, damit er sich von seinem schweren Schock erholen konnte, schlichen wir raus und hörten jetzt auch die krächzende Sirenenstimme immer lauter, zumindest hatten wir jetzt den ganzen Text verstanden: »›Fire on Babylon‹! Sing your song, Sinéad, sing it!«

Die Sendung, die sie im P 1 aufzeichneten, hieß *Big Bubbles*. So was wie *Musikladen* in den Siebzigern mit Manfred Sexauer und Uschi Nerke, die bekannte Bands und Sänger zwischen kreischenden Teenies in einem Studio von Radio Bremen, das aussehen sollte wie ein Club, ansagten. Damals war das ganz was Neues. Wahrscheinlich war das genau die Idee des ZDF, so etwas wieder aufleben zu lassen. Im ganzen Laden sollten Stars und Bands auftreten, dazwischen tanzendes Discovolk und die zuckersüße Carol Campbell, die das Ganze moderierte. Thomas Stein, damals noch Boss der BMG Ariola, karrte alles heran, was Anfang der Neunziger in Sachen Eurodance oben mitspielte. Und die TV-Produzenten versuchten dann, eine Fernsehshow draus zu stricken. Ganz so easy war es dann leider doch nicht. Ein Club ist halt nicht dazu gedacht, als TV-Studio herzuhalten. Man kann sich nicht vorstellen, wie viele Kabel da verlegt wurden und nun am Boden rumlagen, das sah ja keiner im Fernsehen, und an jeder Ecke stand eine fette Lampe oder ein superheller Spot, die so heiß wurden, dass uns fast das Silikon zwischen den Barbrettern rausgelaufen wäre. Der kleine Aufnahmeleiter in seiner Zimmermannsweste machte alle wahnsinnig mit seinem hektischen Geschrei. Die Fernsehleute sperrten alles ab, bauten alles um und stellten alles weg. Dann rannten da an die hundert Leute rum, ganz wichtige, jeder hatte was zu sagen, alle dirigierten irgendjemand und andere ramponierten unsere Sachen. Unsere schöne Hängeuhr ist als Erstes verreckt, als einer dieser Vollidioten nicht abschätzen konnte, wie lang seine dämliche Kameratraverse war. Und das kleine Guckfensterchen in meiner Tür hätte auch fast dran glauben müssen, weil sie hundert dicke Fernsehkabel ohne Rücksicht auf Verluste durchgezogen hatten.

Dann rief auch noch Fletcher an, der Winkeladvokat, dass er jetzt vorbeikommen wolle, und dass es doch eine geile Aktion gewesen sei gestern Abend, wie er dem Typen, der sich als Bodyguard von Snap ausgegeben habe, eine aufgestrichen habe, und dass wir ihn zu Unrecht aus dem P 1 geschmissen hätten, weil er doch einen Betrüger entlarvt habe. Nur dass der Schummler kein Gauner war, sondern Hubsi, der völlig normale BWL-Student, nebenbei Neffe des größten Metzgers der Stadt, der jetzt mit einem Schädeltrauma im Krankenhaus lag. Schöne Scheiße, Anwalt! Wenn Metzger Manni und seine Butcher-Boys es spitz kriegen würden, dass Fletcher im P 1 war, würden sie kommen und ihn sich holen. Passte ja grad hervorragend zu der ganzen Action mit *Big Bubbles*. Fletcher aber ließ nicht locker und meinte, unser Barmann Jonas habe ihm gestern gesteckt, dass heute lauter geile Bands im P 1 auftreten würden, und die Sache sei extrem geheim, aber da dürfte man auf keinen Fall fehlen und an der Tür stehe doch der Jochen, den hätte Fletcher mal aus dem Knast rausgehauen und der sei ihm noch einen Gefallen schuldig.

Jochen war überhaupt nicht begeistert, als der angesoffene Fletcher vor ihm stand, und er würde einen Riesenärger bekommen, wenn er Fletcher reinließe. Dann schleuste er ihn doch rein. Irgendwie konnte ich Jochen keinen Vorwurf machen, aber ich ärgerte mich grün und blau, dass ich gerade vor der Big Bar wartete, bis Dave Stewart auftrat und nicht an der Tür war, als Fletcher ankam. Sie hatten eine große MDF-Platte über die Bar gelegt, darauf stellten sie das Schlagzeug und die Mikrofonständer und die anderen Instrumente. Dave Stewart, der geniale Songschreiber, der 1981 mit Annie Lennox die Eurythmics gründete, sollte nun seinen Platz auf der provisorischen Bühne einnehmen, seine drei Bandkollegen auch, darunter eine schwarze Schönheit, eine *African queen*, mit einer Afromähne von mindestens einem Meter Durchmesser, die an die Drums sollte. Natürlich waren die ganzen Kamerafahrten und Einstellungen schon ein paarmal geprobt worden und jedes Mal kam es super rüber, wenn Sir Dave seinen 94er-Hit »Heart of Stone« ins Mikro intonierte.

Aber von wegen »Big Bubbles, no troubles«, wie es in dem One-Hit-Wonder von Ellis, Beggs & Howard hieß, der Ärger war mit jedem Auftritt vorprogrammiert und unumgänglich. Ex-Model Carol Campbell mühte sich als Ansagerin einen ab, gute Miene zum bösen Spiel zu machen, und versuchte Sonnenschein und gute Laune in der Bude zu verbreiten. Man hörte nämlich jetzt den Regisseur über die Funkgeräte lauthals fluchen, denn der Herr Stewart hatte bei der Livesendung überhaupt keinen Bock, alles so zu machen, wie sie es geprobt hatten. Er setzte sich ans Schlagzeug, der Gitarrist wurde zum Piano Man und die *African queen* nahm nun das Mikro in die Hand und begann aufs Playback von Dave Stewarts Nummer-eins-Hit zu singen. Das weitere Problem dabei: Im Playback ist als *lead voice* die tiefe Männerstimme des Dave Stewart zu hören, die nur schwer mit der *African queen* in Einklang zu bringen war, die sich als Frontfrau perfekt in Szene setzte und sich nun mächtig ins Zeug legte, ihre Lippen synchron zum Liedtext zu bewegen. Dave Stewart machte der Auftritt jetzt wieder sichtlich Spaß, aber der Regisseur, der flippte nun vollends aus und sonderte sich erst mal ab.

In unserem Bananenzimmer, in dem wir mittlerweile einen Billardtisch aufgestellt hatten, warteten ein paar andere Popstars und Sternchen der 1990er auf ihren Auftritt. Besondere »Freude« bereiteten uns die beiden damaligen US-Rapper Prince Ital Joe feat. Marky Mark. Es sollte nicht lange dauern, bis das Ex-Unterhosenmodel unruhig wurde und nicht auftreten wollte, wenn er nicht sofort Chicken & Frites zu essen bekäme. Nachts um halb eins! Nun sah der wieder einigermaßen zur Ruhe gekommene Regisseur eine Fortsetzung der Sendung ohne weitere Pannen nur dann gewährleistet, wenn Marky Mark vor seinem Auftritt sein Hendl bekäme. Das Hendl musste also her. Innerhalb einer halben Stunde. Höchstens. Denn der Marky und sein Prinz sollten eine Dreiviertelstunde später ihren Charthit »Happy People« auf die Bühne bringen. Gianni durchsuchte wie ein Verrückter seine Sandwichbar, aber dann zuckte er mit den Achseln, er hatte nicht mal eine Hähnchenbrust oder so was für seine Sandwiches auf Lager, geschweige denn ein ganzes Huhn. Kurt und ich also los mit der Vespa unseres Stammgasts Gary, der nach dem Debakel mit dem SEK-Team vor der P-1-Tür sein zuvor geklautes Fahrrad gegen einen schönen Piaggio-Roller eingetauscht hatte. Erst mal passte der Schlüssel nicht, den uns Gary nur zögerlich überreicht hatte, dann machte der Kickstarter schlapp und ich musste anschieben, während Kurt am Lenker saß.

Nach etwa fünfzig Metern die Prinzregentenstraße runter sprang der Roller endlich an. Beim Altstadtring links ab, dann sind wir mit sechzig Sachen in Richtung Maximilianstraße rüber. »Wohin?«, schrie ich Kurt ins rechte Ohr und er: »Hä? Was ist hin?« Er hatte wieder mal nichts verstanden. »Nein, nein, wo fahren wir hin?«, plärrte ich ihn noch mal an. Der Wind sauste uns ganz schön um die Ohren, Gott sei Dank hatte ich damals einen flat-topmäßigen Kurzhaarschnitt, da konnte auch beim stärksten Twister nichts in den Dutt gehen.

Jetzt bremste er runter auf Zwanzig, dann cruisten wir langsam an den Designershops vorbei bis zur Einfahrt vom Hotel Vier Jahreszeiten. Das war also Kurts Idee, gar nicht so blöde, denn in einem der besten Hotels am Platz gibt's bekanntlich nichts, was es nicht gibt, also auch ein halbes Hähnchen. Zumindest nahmen wir das in heller Vorfreude an. Wir also am Portier vorbei rein in die pompöse Lobby, hinten saß eine Gruppe von Teenagern und neben der Bar stand ein glänzender schwarzer Flügel. Der Pianist mit seinem Kneifer und dem strichdünnen Oberlippenbart sah aus wie einem Schwarz-Weiß-Film der Zwanzigerjahre entsprungen. Er spielte gerade »Can't take my eyes off you« von Andy Williams, und als die Stelle kam, die alle kennen, sprangen die Teenies auf und grölten: »I love you, Baby, And if it's quite alright, I need you, Baby, To warm a lonely night, I love you, Baby, Trust in me when I say: Oh, pretty Baby, Don't bring me down, I pray, Now that I found you, Stay and let me love you, Baby, let me love you.« Ich ertappte mich dabei, dass ich den ganzen Refrain dieser Schnulze auswendig konnte. Ich sah rüber zu Kurt, und auch er hatte die Lyrics voll drauf. Der Barmann hatte sich die letzten fünf Minuten keinen Zentimeter gerührt, jetzt setzte er seinen rechten Zeigefinger in Bewegung und wies uns den Weg zu einer großen Edelstahltür, als ich ihn nach der Küche fragte.

Ich hätte den Idioten am liebsten auf den Mond geschossen, denn hinter der Edelstahltür tat sich nur der Lift auf und nicht die Küche. Aber dann sackte der Lift ruckartig ab und die Aufzugtür öffnete sich. Ein äußerst überraschter Koch mit einer riesigen Mütze kam direkt auf uns zu und ich schloss daraus, dass wir in der Küche gelandet sein mussten. Die Hotelküche sah irgendwie verwaist aus, es brannte nur eine Neonröhre und auf einem Ceranfeld stand ein fetter Kochtopf. Noch während er auf uns zukam, schleuderte der Küchenchef uns böse Flüche entgegen, er nörgelte, was das Zeug hielt. Ich mochte ihn gleich von Anfang an und konnte ihn gut verstehen; da hat man schon den Scheiß-Nachtdienst erwischt und dann kommen auch noch zwei so Typen wie wir daher und buttern einen mit saudämlichen Wünschen zu. Der Küchenchef staunte nicht schlecht, als ich ihm von dem Hühnchen für unseren Popstar erzählte und dass wir im P 1 leider nix in dieser Richtung anzubieten hätten. Er nahm es besser auf, als ich befürchtet hatte, und nach etwa zehn Minuten brachte er uns eine dieser Take-away-Boxen; es roch nach knusprigem Hendl und knackigen Pommes. Wie er das so schnell hinbekommen hatte? Keine Ahnung.

»Es scheint ihm zu schmecken«, flüsterte Kurt, als wir Marky Mark zusahen, wie er die Hähnchenflügel mit den Fritten in sich reinstopfte und sich danach die Finger abschleckte. Und wenn er rülpsen und alle Knochen wieder ausspucken würde, ich fühlte mich trotzdem wie der Erlöser des Bösen, der Retter der Musikshows, ach was, der Wohltäter des gesamten Fernsehens. Danke, Marky Mark, danke. I love you!

Der Metzger Manni hatte ein paar grauenhafte Typen dabei, als er rein wollte; Jochen war allein an der Tür, die letzten Töne von Dave Stewarts »Heart of Stone« hörte man noch. Zum Glück kam ich gerade um die Ecke, als der Manni den Jochen zur Seite ziehen wollte, um seine Fleischerfreunde an ihm vorbeizubugsieren. »Meine Leute müssen mit«, sagte Manni zu uns, und ich entgegnete tapfer: »Sorry, Manni, tut mir leid, aber die kommen hier nicht rein! Das können wir nicht machen, da hauen uns alle Frauen drinnen ab, wenn die deine Metzger sehen.« Es waren aber auch zu krasse Gestalten dabei, einer hatte was vom jungen Schwarzenegger, ein Robo-Cop-Verschnitt war auch dabei und der ganz vorne sah aus wie Chewbacca, die Figur aus *Star Wars* – und der sprach auch so, wir hatten kein einziges Wort verstanden. Manni bohrte weiter, während sich immer wieder ein paar süße Mädchen an der Metzgergarde vorbei ins P 1 zwängten. »Siehst du, bei denen geht's ja auch, oder?« Jetzt hatte mich Manni am Wickel, obwohl der Vergleich zwischen den Hasen und seinen Butcher-Boys hinkte wie ein Einbeiniger. Ich konnte mir natürlich denken, dass er Fletchers Kopf wollte, und der tanzte drinnen ab, er kriegte sich gar nicht mehr ein bei dem Auftritt von Dr. Alban. Alles, aber auch wirklich alles würde in die Hose gehen, wenn wir die Metzgerinnung reinließen, *Big Bubbles* würde sterben, Fletcher würde draufgehen und unser Laden hätte sicher auch was abgekriegt. In diesem Moment wurde mir klar, was für einen Scheißjob wir doch eigentlich hatten. Schiedsrichter über Feindseligkeit und Versöhnung, über Ehebruch und Seitensprung, über Nahkampf oder Waschraumporno, über Glückseligkeit und tiefe Trauer, das muss das Paradies sein, für die Guten, die Bösen und die Hässlichen, drinnen wie draußen. Oder war es einfach nur ein ganz normaler Job?

Ende. Vorerst.

Die P-1-History: Der Lauf des Lebens

1937   Eröffnung des Hauses der
       Deutschen Kunst als Museum für
       Nazikunst.

1945   Das Haus der Deutschen Kunst
       wird von den US-GIs übernommen
       und die amerikanischen Besat-
       zungssoldaten installieren dort im
       sogenannten Terrassensaal
       (Nordseite) ein Restaurant, Shops
       und einen Tanzsaal.

1949   Die berühmten Faschingsbälle
       im (seit 1946 so bezeichneten)
       Haus der Kunst sorgen für
       Party-Furore. Im gleichen Jahr
       eröffnen die Amis im Ostflügel in
       der etwa 200 m² großen und 12 m
       hohen Location eine Offiziers-
       messe mit Namen »P-One« mit
       Speisen, Getränken & Tanz.

1956   An der gleichen Stelle wird das
       Restaurant P 1 eingerichtet.

1960   Übernahme des P 1 durch den griechischen Wirt Alecco und dessen Betrieb als »fideles Atelier-restaurant«.

1962   Im Sockelgeschoss des westlichen Souterrains eröffnet die Münchner Hoffmann Gaststätten KG das ungarische Czardas-Restaurant Piroschka.

Anfang 70er   Übernahme des P 1 (nach wie vor im Ostflügel) durch die Hoffmann Gaststätten KG.

Ende 70er   Betrieb des P 1 als Diskothek von Stevie Neumayer.

Anfang 80er   Betrieb des P 1 als New Wave-Club im Punk-Style durch das damals bekannte Nightlife-Paar Hansi und Inge Grandl.

1983   In der gleichen Location im Ostflügel übernimmt Michael Käfer das P 1 – ein Geschenk

seines Vaters Gerd zu seinem
25. Geburtstag – und katapultiert
den Club durch die »strenge Tür«
an die Spitze des deutschen
Nachtlebens.

Ende 80er   Das Restaurant Piroschka schließt
im Westtrakt seine Pforten.

1993   Umzug des P 1 von der (kleinen
und sehr hohen) Location im
Ostflügel in den Westtrakt in die
dreimal so großen Räume des
ehemaligen Piroschka (ca. 600 m^2,
Raumhöhe 3 m).

08/2002   Schließung des P 1 mit der
legendären Abrissparty zur
Vorbereitung des Umbaus in der
Westflügellocation.

09/2002   Eröffnung der Interimslocation
im sogenannten Terrassensaal
und des Golden Room in der
Goldenen Bar (beide Nordseite
vom Haus der Kunst).

01/2003	Re-Opening des neuen P 1 Lounge & Club im Souterrain im Westtrakt nach der Umgestaltung durch den bekannten Innenarchitekten Matteo Thun.
11/2009	Schließung des P 1 Lounge & Club im Westflügel mit einer weiteren Abrissparty zur Vorbereitung eines nochmaligen Umbaus.
11/2009	Als weitere Übergangslocation während des Umbaus: Eröffnung der P-1-Bar im Foyer und des P-1-Club im großen Theatersaal (ca. 750 m²) – beides im Erdgeschoss des Westflügels vom Haus der Kunst.
10/2010	Re-Re-Opening des P-1-Club (ohne Lounge) im Untergeschoss des Westtraktes vom Haus der Kunst nach einem Umbau durch den Architekten Stefan Mauritz und den Innendesigner Peter Buchberger als neue, zukunfts-

weisende Clublocation mit
klassischen Discoelementen.

… und hier ist das P 1 bis heute
geblieben.

Musiklegenden bei Heyne

KEITH RICHARDS
LIFE
HEYNE‹

978-3-453-16303-4

Ozzy Osbourne
Ozzy
Die Autobiografie
978-3-453-16925-8

Barney Hoskyns
Tom Waits
Ein Leben am Straßenrand
978-3-453-26633-9

Ronnie Wood
Ronnie
Die Autobiografie
978-3-453-15506-0

Maureen Callahan
Lady Gaga
Die Biografie
978-3-453-64047-4

Steffan Chirazi
So What! Die offizielle Metallica-Chronik
The Good, The Mad, And The Ugly
978-3-453-12004-4

Murray Engleheart
AC/DC
Maximum Rock 'n' Roll
978-3-453-60120-8

Rolling Stone LLC
Cash
978-3-453-60116-1

Keith Richards
Life
978-3-453-16303-4

Leseproben unter: **www.heyne.de**

HEYNE‹

Die Bretter, die die Welt bedeuten

Star-Biografien bei Heyne

978-3-453-16940-1

Katharine Hepburn
Ich
Geschichte meines Lebens
978-3-453-87931-7

Arnaud Maillard
Karl Lagerfeld und ich
15 *Jahre an der Seite*
des Modezaren
978-3-453-60121-5

Steffen Radlmaier
Die Joel Story
Billy Joel und seine deutsch-
jüdische Familiengeschichte
978-3-453-15874-0

Michael Jackson
Moonwalk
978-3-453-16940-1

Leseproben unter: **www.heyne.de**